KeineAngst vor Hypnose

Jan Pilgenröder

Jan Pilegnröder:
Keine Angst vor Hypnose
© Jan Pilgenröder, 2015
Printed by CreateSpace
ISBN: 1514262959

INHALT

VORWORT

Die meisten Menschen haben zumindest ein wenig
Angst vor Hypnose. Da ist auf der einen Seite die Angst
davor, sich hypnotisieren zu lassen. Hypnose gilt als
etwas Unheimliches, dem man ausgeliefert ist, gegen
das man sich nicht wehren kann, wenn man es einmal
zulässt. Auf der anderen Seite fürchten sich aber auch
diejenigen, die anfangen, Hypnose zu erlernen. Sie
haben schlicht und einfach Angst, jämmerlich zu
versagen. Und auch viele erfahrene Hypnotiseure
werden immer wieder von derartigen Versagensängsten
geplagt.

Die meisten Bücher über Hypnose erwecken den
Eindruck, dass Hypnose sehr kompliziert ist. Sie zeigen
sehr ausführlich an einer Unmenge von Beispieltexten,
wie kunstvoll und ausgeklügelt so ein Hypnosetext sein
kann.
Dieses Buch geht einen anderen Weg. Anstatt sich
direkt mit der Fülle von Details auseinander zu setzen,
arbeiten wir zunächst die einfache Grundidee heraus,
die hinter der Hypnose steckt.

Egal ob wir ganz offen Hypnose betreiben oder
verdeckt arbeiten, ob wir eine tiefe Entspannungstrance
anstreben oder eine leichte Wachtrance, ob wir mit
anderen Menschen arbeiten oder uns selbst auf die

Sprünge helfen wollen: Hypnose beruht immer auf drei einfachen Elementen:

- Wir Argumentieren nicht sondern fokussieren die Aufmerksamkeit.
- Wir unterjochen nicht den Willen sondern vermeiden Widerstand.
- Wir regen einfache Denkprozesse an, die dann mühelos, ohne Anstrengung und praktisch wie von selbst ablaufen können.

Ausgehend von dieser einfachen Grundidee zeigen wir, warum in der Hypnose die Entspannungstrance so beliebt ist, dass viele Menschen Hypnose praktisch mit dieser Entspannungstrance gleichsetzen. Wir zeigen, wie man Gefühle und Emotionen abrufen und verändern kann und wie man in sich die optimale innere Einstellung erzeugt, um mit anderen Menschen zu kommunizieren. Wir sehen, wie wir mit einer ganz einfachen Methode dauerhafte Veränderungen in Gefühlen, Einstellungen und im Verhalten anregen können. Und wir lernen, wie wir das schaffen, womit die meisten Menschen sich ungemein schwertun: wie wir uns gute Angewohnheiten zulegen und uns schlechte Dinge abgewöhnen und wie wir schon bei der Planung unserer Ziele darauf achten, dass wir uns das Leben nicht unnötig schwer machen und uns überfordern.

Selbstverständlich beschäftigen wir uns auch mit dem notwendigen sprachlichen Handwerkszeug. Aber Sie werden sehen, dass es auch bei den sprachlichen

Mitteln, immer nur darum geht, dass wir unsere drei Grundideen verfolgen und dass die Vielzahl der sprachlichen Kniffe nicht die Grundlage sondern eher das Sahnehäubchen ist, mit dem wir unsere Arbeit krönen und unserem Tun Eleganz verleihen.

Wir decken mit diesem kleinen Buch viele Bereiche ab, die so meistens nicht in Zusammenhang miteinander gebracht werden. Die Vorgehensweise bei der Zielsetzung nach dem S.M.A.R.T. Modell findet sich oft in der Literatur über Unternehmensführung. Die Methode der kleinen Schritte beim Antrainieren neuer Angewohnheiten, würde man eher mit Verhaltenstherapie als mit Hypnose in Verbindung bringen. Die Herangehensweise bei der genauen Beobachtung der Emotionen findet sich eher unter dem Stichwort Achtsamkeitsmeditation und vieles aus dem Kapitel über die richtige innere Einstellung des Hypnotiseurs wird Ihnen bekannt vorkommen, wenn Sie sich schon einmal mit der Klientenzentrierten Gesprächstherapie beschäftigt haben.

Selbstverständlich kann man diese unterschiedlichen Felder in einem kleinen Buch nicht so detailliert behandeln, wie das in einem Buch über nur eines der Spezialgebiete möglich wäre. Aber wir haben die Hoffnung, dass Sie vieles, was Sie aus anderen Büchern gelernt haben, in einem neuen Licht sehen werden, wenn Sie die einfache Grundidee, die wir in diesem Buch vermitteln, im Hinterkopf behalten.

Und wir hoffen, vor allem eines zu zeigen: dass an

Hypnose wirklich nichts Geheimnisvolles oder Angsteinflößendes ist.

WAS IST HYPNOSE?

Sie haben den Begriff Hypnose sicherlich schon einmal gehört, und Sie verbinden sicherlich auch bestimmte Vorstellungen mit dem Begriff, sonst hätten Sie vermutlich nicht dieses Buch gekauft.

„Hypnose" ist ein wirklich schlimmes Wort. Es ist eines dieser Wörter, bei denen man sofort bestimmte Assoziationen hat, die dann aber sehr wenig mit der Realität zu tun haben.

Der Begriff leitet sich von „Hypnos", dem griechischen Gott des Schlafes ab. Hypnos lebt in der Unterwelt (im Reich der Toten) in einer Höhle, in die kein Licht und kein Geräusch dringt. Durch diese Höhle fließt der Fluss der Vergesslichkeit. Hypnos Bruder oder Halbbruder ist Thanatos, der personifizierte Tod. Hypnos hat die Macht, alle Menschen und auch Götter in Tiefschlaf zu versetzen, und er setzte diese Fähigkeit sogar gegen Göttervater Zeus ein.

Aber man muss gar nicht mal die alten Griechen bemühen, um sich vor Hypnose zu gruseln. In Filmen oder Romanen benutzen Bösewichte die schreckliche Macht der Hypnose um, sich ihre Mitmenschen (nicht selten unschuldige junge Frauen) gefügig zu machen, und dabei handelt es sich nicht einmal ausschließlich um Schundliteratur. In Thomas Manns „Mario und der

Zauberer" steht der Einfluss eines Hypnotiseurs auf sein Publikum symbolisch für den Faschismus.

Wenn Hypnose einmal nicht verwendet wird, um tugendhafte Jungfrauen in willige Gespielinnen zu verwandeln oder geniale Wissenschaftler dazu zu bringen, Todesstrahlgeschütze zu bauen, mit denen man die Weltherrschaft an sich reissen will, dann geht es meistens darum, dass damit verschüttete Erinnerungen freigelegt werden. Und dabei kommen dann ausnahmslos Dinge heraus, an die man sich dann lieber doch nicht erinnert hätte. Da wird der langweilige Geschäftsmann plötzlich von Meuchelmördern heimgesucht, weil er sich wieder daran erinnert, dass er als Geheimagent einem fürchterlichen Komplott auf der Spur war.

Und dann ist da natürlich noch die Showhypnose. Hier werden Menschen aus dem Publikum auf die Bühne gebeten, um sich vor versammelter Mannschaft zum Affen (oder zum gackernden Huhn oder zum Elvis-Imitator) machen zu lassen.

Mit diesen Bildern vor Augen stellt man sich natürlich die Frage: „Warum, um alles in der Welt, sollte ich sowas freiwillig mit mir machen lassen!?" Oder anders herum: „Was müssen das wohl für kranke, armselige Wichte sein, die ihre Mitmenschen in willenlose Zombies verwandeln wollen."

Nun wissen wir natürlich alle, dass man alte Göttersagen nicht für bare Münze nehmen sollte, und wir Wissen auch, dass echte Verbrecher mit vorgehaltener Waffe in die Bank gehen, statt dem

Bankangestellten mit der Taschenuhr als Hypnosependel den Befehl zu geben, alles Geld in die Tasche zu packen und anschliessend den Überfall zu vergessen.

Aber dann ist da noch der Hypnotiseur in der Hypnoseshow, der Leute auf die Bühne holt und sie dazu bringt, wirklich peinliche Dinge zu tun. Also muss doch etwas daran sein, an der schrecklichen Macht der Hypnose? Und damit noch nicht genug, der Hypnotiseur macht einige Versuchspersonen so stocksteif, dass er sie wie ein Brett mit Schultern und Fersen auf zwei Stühlen platzieren kann.

Aber das ist eine Bühnenshow. Wie beim Magier. Wenn ein Bühnenmagier behauptet, dass er die Jungfrau durch Magie zum schweben bringt, dann glauben wir ihm das auch nicht. Gehen wir also einfach mal davon aus, dass die Hypnoseshow nicht zwangsläufig viel mit Hypnose zu tun haben muss. Wie erklärt sich dann, dass da Leute auf die Bühne kommen und auf Kommando gackern wie ein Huhn?

Ganz einfach: es gibt genügend Menschen die dazu gerne bereit sind. Und warum auch nicht? Auf der Bühne ein Publikum zu unterhalten ist ja grundsätzlich nicht schlecht. Der Hypnotiseur wählt genau diese Menschen aus und stellt Bedingungen her, die es ihnen erleichtern, bei dem Spiel mitzumachen. Und dabei kann Hypnose dann durchaus eine Rolle spielen, wenn es z.B. darum geht, ihnen das Lampenfieber zu nehmen. Um geeignete Mitspieler für die Hypnoseshow zu finden, wird zunächst mit dem ganzen Publikum ein einfaches Spiel gespielt. Die Zuschauer sollen sich z.B.

vorstellen, dass die gefalteten Hände fest zusammenkleben, und dass man sie wirklich nicht mehr voneinander lösen kann.

Probieren Sie das mal selber aus. Falten Sie Ihre Hände und stellen Sie sich vor, Sie könnten sie jetzt nicht mehr voneinander lösen. Falten Sie die Hände mit verschränkten Fingern, so als ob Sie wirklich flehen und nicht Ihr Nachtgebet sprechen. Wenn Sie das für Quatsch halten, dann stellen Sie sich vor, Sie wären Schauspieler und müssten jemanden spielen, der seine gefalteten Hände nicht mehr voneinander lösen kann. Versetzen Sie sich wirklich in diese Rolle. Beim Method Acting (das ist die Schauspielmethode, die z.B. Robert DeNiro anwendet), geht es darum dass man eine Rolle nicht nur spielt, sondern sich wirklich in die Person hineinversetzt. Fühlen Sie, wie das ist, wenn man die Hände nicht mehr voneinander lösen kann.

Sie können ganz bewusst einfach so tun, als ob Sie die Hände nicht mehr voneinander lösen können. Vielleicht stellen Sie nach kurzer Zeit fest, dass Sie sich nicht mehr darauf konzentrieren müssen, Ihre Hände fest zu umklammern. Ihre Hände machen das von selbst. Glückwunsch — das ist Hypnose.
Wenn Sie wirklich gut sind, dann können Sie das so glaubhaft spielen, dass sie Selbst das Gefühl haben, die Hände tatsächlich nicht mehr voneinander lösen zu können.

Natürlich können Sie die Hände voneinander lösen — aber das bedeutet, dass Sie nicht mehr mitspielen.

Bei einem Großteil der Kunststücke, die der Hypnotiseur mit seinen Kandidaten vorführt, ist es egal, ob sie bewusst einfach nur so tun, oder ob sie tatsächlich glauben, dass sie nicht anders können. Der Showhypnotiseur bittet die Personen, die soweit mitgespielt haben, auf die Bühne und sucht dann aus dieser Gruppe diejenigen heraus, die auch zu mehr bereit sind.

Und was ist mit dem Menschen, der in der Hypnoseshow so stocksteif wird, dass er wie ein Brett mit Schultern und Fersen auf zwei Stühlen liegt? Auch das können Sie ganz einfach selbst ausprobieren, aber bitte ohne Stühle! Legen Sie sich auf den Boden und machen Sie ein leichtes Hohlkreuz, so dass Ihr Gewicht nur noch von Schultern und Fersen getragen wird und Sie den Rest des Körpers dazwischen über dem Boden halten. Wenn Sie gesund sind und nicht all zuviel Übergewicht haben, dann ist das überhaupt kein Problem. Und diese Haltung kann man auch ohne Probleme eine halbe Minute lang aushalten. Ob Fersen und Schultern auf dem Boden aufliegen und der Rest des Körpers sich nur einen Zentimeter über dem Boden befindet ,oder ob das ganze auf zwei Stühlen stattfindet und man tatsächlich ein Stück fallen und sich dabei weh tun kann, spielt für die rein körperliche Belastung überhaupt keine Rolle. Aber im Kopf macht das natürlich einen erheblichen Unterschied. Auf dem Fußboden ein leichtes Hohlkreuz machen — überhaupt kein Problem. Wie ein Brett zwischen zwei Stühlen — wenn man sich vorstellt, wie heftig man sich weh tun kann, wenn man die Muskelspannung verliert, dann setzt verständlicherweise eine Angstreaktion ein.

Das kann man mit Hypnose verhindern. Aber auch hier hat man natürlich wesentlich bessere Karten, wenn man einen geeigneten Kandidaten hat.

Ein verantwortungsvoller Showhpynotiseur sollte die Nummer mit den Stühlen aber tunlichst unterlassen, denn dabei besteht wirklich Verletzungsgefahr.

Jetzt wissen wir, was Hypnose *nicht* ist. Aber was ist Hypnose wirklich?

Dazu gibt es es zwei Antworten, denn das Wort „Hypnose" wird auf zwei unterschiedliche Arten gebraucht. Einmal bezeichnet es das, was der Hypnotiseur macht. Der Hypnotiseur betreibt Hypnose. Dann beschreibt es noch den Zustand, in dem sich der Hypnotisierte befindet. Der Hypnotisierte ist „in Hypnose".

Dieser Zustand, des „in Hypnose" seins, wird auch gerne als Trance bezeichnet. Wenn wir diese beiden Begriffe hören, dann verbinden wir das meistens mit der Vorstellung, dass die betreffende Person dabei völlig weggetreten ist und nichts mehr mitbekommt. Wir haben bei Leuten, die in Trance sind, oft den Eindruck, dass die Aufmerksamkeit stark herabgesetzt ist. Und „Aufmerksamkeit" ist tatsächlich ein Schlüsselbegriff, wenn man versucht zu erklären, was Hypnose ist und wie sie funktioniert.

Nun ist die Aufmerksamkeit in Hypnose oder in Trance aber nicht grundsätzlich herabgesetzt — sie ist nur einfach woanders. Bestimmte Meditationstechniken beruhen darauf, dass man sich ganz auf einen Punkt konzentriert, indem man z.B. stundenlang eine Kerzenflamme anstarrt, bis man alles andere vergisst. Aber so weit müssen wir gar nicht gehen. Jeder von uns hat tagtäglich derartige hoch fokussierte Bewusstseinszustände. Wenn wir einen Film anschauen oder ein Buch lesen und uns dabei richtig in die Geschichte hinein versetzen und von unserer Umwelt nicht mehr jede unbedeutend erscheinende Kleinigkeit mitbekommen, und so mit den Roman- oder Filmhelden mitfühlen, dass wir dabei uns selbst vergessen, dann ist das ein Trancezustand. Wir sind dabei nicht auf einen einzelnen Punkt konzentriert. Unsere Aufmerksamkeit wird eher von Einzelheit zu Einzelheit gelenkt.

Wenn wir tanzen, ohne dabei darüber nachzudenken wo der linke Fuß jetzt hin muss, und was wohl die anderen über uns denken, und ob das vielleicht doof aussieht, wenn unser Körper sich wie von selbst bewegt und wir das voll und ganz genießen können, ohne dabei denken zu müssen, dann ist das Trance.

Wenn wir im Auto am Steuer sitzen und ohne Vorwarnung ein Tier auf die Straße rennt und plötzlich alles in Zeitlupe abläuft und wir uns vorkommen wie unbeteiligte Zuschauer, während unser Fuß auf der Bremse steht und sich unsere Finger um das Lenkrad krallen, dann ist das ein Trancezustand.

Trance muss nicht zwangsläufig mit Entspannung und Wohlgefühl einhergehen.

Wenn wir wach sind, fokussieren wir unsere Aufmerksamkeit ständig auf die eine oder andere Sache. Daher ist es schwer zu sagen, wo die Grenze zwischen normalem Wachbewusstsein und Trancezuständen liegt. Einige Forscher sind der Ansicht, dass es so etwas wie eine Hypnotische Trance überhaupt nicht gibt und dass, was bei der Hypnose geschieht, ganz normale psychische Reaktionsmuster sind. Andere Autoren gehen so weit zu behaupten, dass alles Trance ist. Dadurch verliert der Begriff natürlich ebenfalls seine Bedeutung. Wenn Bewusstsein gleich Trance ist, dann brauchen wir nicht zwei verschiedene Begriffe für den gleichen Gegenstand.

Im Allgemeinen sprechen wir aber erst dann von Trance, wenn der Zustand so lange andauert oder wir so stark abgelenkt sind, dass es anderen Personen merkwürdig vorkommt. Wir selbst merken normalerweise gar nicht, wenn wir in Trance sind. Wir sind einfach zu beschäftigt, um darüber nachzudenken, ob das jetzt ein besonderer Bewusstseinszustand ist. Und unsere Mitmenschen bemerken auch nur, dass wir in Trance sind, wenn unsere Aufmerksamkeit nicht da ist, wo sie sie gerne hätten. Wenn ein Freund Ihnen eine Geschichte erzählt und Sie ihm gebannt zuhören, alles um Sie herum vergessen und voll und ganz bei ihm sind, wird er Ihnen wohl kaum vorwerfen, Sie säßen da wie in Trance.
Vermutlich wird er das selbst überhaupt nicht wahrnehmen.

Wenn wir von Trancezuständen sprechen, dann bringen wir das oft mit spirituellen Erfahrungen in Verbindung. Obwohl das Klischee des „Zerstreuten Professors" alle Anzeichen von Trance beinhaltet, kommen wir nicht auf die Idee, das auch Trance zu nennen.

Wissenschaftler denken logisch. Und Logisches Denken und Trance scheinen einfach nicht zusammen zu passen, denn schließlich muss man zum logischen Denken hellwach sein, und Trance verbinden wir eher mit Tagträumen und dem Unbewussten.

„Das Unbewusste" und der „Unbewusste Verstand" sind auch zwei Begriffe, die im Zusammenhang mit Hypnose immer eine große Rolle spielen. Man sagt, Hypnose wirkt direkt auf den Unbewussten Verstand.

Wenn wir vom Unbewussten Verstand sprechen, dann schwingt da immer noch Freuds Begriff vom Unterbewusstsein mit. Oben ist das Bewusstsein, wo die Vernunft sitzt und darunter ist ein riesiger Ozean mit den dunklen Untiefen des Unterbewusstseins. Hier lauern unsere tiefsten verborgenen Ängste und Triebe, wie riesige Seeungeheuer.

Der Begriff vom Unbewussten stellt dieses Unbewusste als gleichwertig neben den Bewussten Verstand. Während wir bei dem Unterbewusstsein eher an dunkle Triebe denken, wird dem Unbewussten Verstand zugebilligt, dass er ein wertvoller Teil von uns ist, der immer nur unser Bestes will und viele Dinge sogar besser kann als unser Bewusster Verstand. Der Unbewusste Verstand ist zwar immer noch genau so geheimnisvoll wie das Unterbewusstsein, aber er ist unser Freund. Er ist die gute Fee oder der Schutzengel, die uns begleiten.

Wenn wir vom Bewussten Verstand und vom Unbewussten Verstand sprechen, dann tun wir oft so, als gäbe es da eine klare Trennlinie und als seien das tatsächlich zwei unterschiedliche Personen in uns. Wir identifizieren uns mit unserem Bewussten Verstand und treten dann mit unserem Unbewussten Verstand in Verbindung. Oder wir sprechen davon, dass unser Unbewusster Verstand uns etwas mitteilen will.

Aber so eine feste Grenze zwischen Bewusstem und Unbewusstem Verstand gibt es nicht. Der Begriff „Bewusstsein" ist eng mit dem Begriff der Aufmerksamkeit verbunden. Wenn man sagt, dass man sich einer Sache bewusst ist, dann bedeutet das, dass man jetzt im Moment seine Aufmerksamkeit darauf richtet. Aber unserer Aufmerksamkeit sind Grenzen gesetzt. Wir können nur eine sehr begrenzte Anzahl von Einzelheiten im Kurzzeitgedächtnis halten. Es gibt da den vielzitierten Zahlenwert von 7 ± 2 Einzelheiten, auf die wir uns konzentrieren können. Dieser Zahlenwert ist zwar nicht hinreichend belegt, und je nachdem um welche Art von Einzelheiten es geht, variieren die Werte auch deutlich, aber die Größenordnung stimmt in etwa. Sich auf ein halbes Dutzend Einzelheiten zu konzentrieren ist auf Dauer ziemlich anstrengend.

Jeder von uns hat so unglaublich viel Wissen angesammelt, und viele Erinnerungen, aber wir sind uns dieses Wissens nicht ständig bewusst. Wir können uns dieses Wissen jedoch jederzeit ins Bewusstsein rufen. Manchmal fällt uns das leicht, manchmal können wir uns nicht mehr richtig erinnern, wissen aber, dass wir es mal gewusst haben. Und manchmal liegt es einem auf der Zunge. Aber grundsätzlich können wir uns unglaubliche Mengen von unbewusstem Wissen und unbewussten Erinnerungen jederzeit bewusst machen.

Oft tun wir Dinge, ohne darüber nachzudenken. Die meisten Alltäglichen Handlungen gehen wie von selbst, während wir mit unseren Gedanken ganz woanders sind. Wir putzen uns die Zähne, ziehen uns an, machen uns Kaffee, fahren zur Arbeit. Die Stricknadeln stricken, die Füße tanzen. Der Hintern juckt, wir kratzen uns. All das können wir auf Autopilot tun. Das ist die natürlichste Sache von der Welt. Dabei kommen wir normalerweise nicht auf die Idee, dass das irgendetwas mit einem Trancezustand oder mit einem geheimnisvollen Unbewussten Verstand zu tun hat. Aber manchmal merkt man es doch. Man hat gerade zwei Dinge gleichzeitig getan. Auf eine Sache hat man sich konzentriert, die andere lief auf Autopilot. Plötzlich vergisst man die Sache, auf die man sich konzentriert hat und merkt, wie die andere Sache ganz wie von selbst abläuft. Man hat beim Fernsehen gestrickt und plötzlich hat man das Gefühl, die Stricknadeln würden sich von allein bewegen, und die Hände würden sich dabei nur an ihnen festhalten. Oder man fährt Rad und nimmt bewusst die Gegend, durch die man fährt wahr, und plötzlich hat man das Gefühl, die Pedale würden sich von alleine drehen. Man braucht überhaupt nichts dazu zu tun. Man hat vielleicht sogar das Gefühl, dass man sich ein wenig anstrengen müsste, um sie zu stoppen.

Wenn einzelne Teile unseres Verstandes nebeneinander herlaufen, als wären sie völlig unabhängig voneinander, nennt man das „Dissoziation".

Der Begriff Dissoziation wird häufig im Zusammenhang mit „Dissoziativen Störungen" gebraucht. Man geht bei diesen Störungen davon aus, dass die Bewusstseinsinhalte, die Probleme bereiten, z.B. Erinnerungen an ein traumatisches Ereignis, vom restlichen Verstand isoliert werden und dann ein Eigenleben entwickeln. Man hat die Erinnerungen verdrängt, aber der Teil, der sich noch daran erinnert, sorgt jetzt dafür, dass man z.B. die Beine nicht mehr bewegen kann.

Aber Dissoziation ist wirklich eine ganz natürliche Angelegenheit. Dissoziation ist in gewisser Hinsicht sogar der Normalfall. Wir haben so viele Gehirnzellen, die alle gleichzeitig arbeiten und ungeheure Datenmengen verarbeiten, und aus unserer Umwelt kommen so viele unterschiedliche Reize aus unterschiedlichen Quellen, dass es selbstverständlich ist, dass verschiedene Denkprozesse nebeneinander herlaufen, ohne miteinander in Beziehung gesetzt zu werden. Von Dissoziation spricht man daher immer nur dann, wenn sie in Situationen auftritt, wo das eher ungewöhnlich ist.

Schmerzen empfinden wir z.B. in der Regel sehr direkt und sehr bewusst. Manchmal können wir jedoch dieses Schmerzempfinden samt den Empfindungen im betreffenden Körperteil abkoppeln. Nicht ich habe dann Schmerzen, sondern dieser Fuß da tut weh. Aber das kümmert mich dann nicht.

Bewusst empfundene Dissoziation macht den Unterschied zwischen einer bewusst erlebten Trance und dem alltäglichen Autopiloten.

Wenn wir sagen, jemand sei in Hypnose, dann meinen wir einen derartigen Trancezustand, der oft mit tiefer körperlicher Entspannung kombiniert wird.

Hypnose als Bezeichnung dessen, was der Hypnotiseur macht, ist dann Kommunikation, die darauf abzielt den Autopiloten neu zu programmieren. Dazu ist aber das bewusste Erleben der Trance nicht unbedingt notwendig. Leute, die sich hypnotisieren lassen und vielleicht auch noch dafür bezahlt haben, sind allerdings oft enttäuscht, wenn sie diese Trance nicht bewusst erleben, und glauben, dass sie nicht hypnotisiert worden seien. Das kann im ungünstigsten Fall den Erfolg der Hypnose zunichte machen. Und selbst, wenn das eigentliche Ziel der Hypnose dennoch erreicht wird, ist das für den Hypnotiseur ein marketingtechnisches Desaster, wenn der Betroffene später erzählt: „Das mit der Hypnose hat nicht funktioniert. Aber ich habe dann ganz von selbst mit dem Rauchen aufgehört. Das war ganz einfach. Die €150 für die Hypnose hätte ich mir echt sparen können."

Man kann deshalb nicht sagen, dass sich Hypnose durchweg nur an den Unbewussten Verstand richtet. Man kann Hypnose sogar so gestalten, dass die Vorgehensweise für den Bewussten Verstand völlig transparent ist. Sonst wäre es ja auch nicht möglich, eine Selbsthypnose zu planen und durchzuführen.

Wenn wir also die Frage beantworten wollen, was Hypnose ist, dann stellen wir fest, das Trance und Unbewusster Verstand eine wichtige Rolle spielen. Aber diese beiden Begriffe helfen nicht wirklich weiter, das Ganze auf den Punkt zu bringen.

Aber die Sache mit dem Autopiloten und der Dissoziation hilft uns weiter. Es gibt Dinge, die tun wir ohne jegliche Anstrengung, ohne auch nur das Gefühl zu haben, dabei nachdenken zu müssen. Wir müssen nicht nachdenken, um einen Alltagsgegenstand bei seinem Namen zu nennen. Wir müssen nicht nachdenken, um unsere Mutter von einer Fremden unterscheiden zu können. Wir sehen auf einen Blick, dass $3 + 2 = 5$ ist. Sie wissen sofort ob ein grünes Plüschsofa in Ihr Wohnzimmer passt oder nicht.

Dann gibt es aber Dinge, die uns richtig etwas abverlangen. Wir müssen dabei nachdenken. Bei Rechenaufgaben, die über das kleine 1x1 hinausgehen müssen wir plötzlich tatsächlich anfangen zu rechnen. Wenn wir einen wichtigen Brief schreiben, müssen wir über jeden Satz nachdenken, obwohl wir sonst keine

Probleme haben kurze Notizen zu schreiben und auch sonst nicht auf den Mund gefallen sind. Diese Aufgaben setzen sich aus vielen kleinen, einfachen Teilaufgaben zusammen. Die Einzelschritte könnten vielleicht automatisch laufen, aber das Aneinanderreihen dieser einfachen Schritte bereitet Mühe und kostet Zeit. Und oft laufen dann auch die Einzelschritte nicht mehr wie von alleine.

Wir können also zwischen zwei unterschiedlichen Arten von Denkprozessen unterscheiden:

Typ 1 Denkprozesse laufen sehr schnell ab, und scheinen aus nur einem einzigen Schritt zu bestehen. Wir müssen nicht nachdenken sondern handeln automatisch oder wissen einfach die Antwort. Automatisch bedeutet in diesem Zusammenhang nicht nur einfach und bequem. Automatisch bedeutet auch: Es passiert, ob wir wollen oder nicht. Sie erkennen das Gesicht ihrer Mutter. Sie wissen was 2 x 2 ist, ohne zu rechnen. Sie wissen einfach, was auf „Currywurst mit …" folgt.

Typ 2 Denkprozesse fallen uns schwerer. Sie bedürfen unserer bewussten Aufmerksamkeit. Wir müssen uns konzentrieren, und können dabei leicht abgelenkt werden.
Oft bestehen Typ 2 Denkprozesse aus vielen Einzelschritten und es fällt oft schwer, den Überblick über die Einzelschritte zu behalten. Oft bekommt man dann auch noch Probleme mit den Einzelschritten selbst, die sonst eigentlich klappen müssten. Man ist

überfordert und kriegt die einfachsten Dinge nicht mehr hin.

Derartige Typ 2 Denkprozesse zu meistern, kann jahrelanges Training erfordern. Allerdings haben wir im Lauf der Geschichte sehr effektive Hilfsmittel entwickelt, die uns bei der Bewältigung derartiger Probleme entlasten. Wir können schriftliche Aufzeichnungen und bildliche Darstellungen anfertigen, die uns dabei helfen, den Überblick über die Detailfülle zu behalten.

Logisches Denken, Mathematik, kritischer Verstand, Wissenschaft und Technik basieren auf Typ 2 Denkprozessen. Aber auch viele einfache Tätigkeiten, die wir nicht direkt mit „Nachdenken" in Verbindung bringen, fallen unter diese Kategorie. Und nicht alle Typ 2 Denkprozesse haben viele Einzelschritte. Wenn Sie z.B. etwas schneller gehen wollen, als es für Sie natürlich ist, müssen Sie sich darauf konzentrieren, das erhöhte Tempo aufrecht zu erhalten. Nicht alle Erinnerungen kann man mühelos abrufen: Wo ist der Haustürschlüssel, jetzt in diesem Moment?

Der entscheidende Unterschied zwischen Typ 1 und Typ 2 Denkprozessen liegt nicht in der Kompliziertheit oder der Anzahl der Schritte. Der Unterschied liegt in der Konzentration, der Aufmerksamkeit, der Anstrengung, die wir den Typ 2 Denkprozessen widmen müssen.

Wenn man lernt, bestimmte schwierige Probleme zu meistern, dann lernt man Typ 2 Denkprozesse automatisch zu durchlaufen. Wenn man als Kind lernt, sich die Schuhe zuzubinden, dann muss man sich auf jeden einzelnen Schritt konzentrieren. Es gibt dazu eine kleine Geschichte von dem Hasen der um einen Baum herumläuft. Wenn Sie keine Kinder in dem Alter haben, können Sie sich an den genauen Wortlauf vermutlich auch nicht mehr erinnern. Sie denken nicht mehr drüber nach, wie man eine Schleife bindet. Die Finger machen das von alleine. Aus dem Typ 2 Denkprozess ist ein Typ 1 Denkprozess geworden. Jeder, der einmal Autofahren gelernt hat, kennt das. Am Anfang wird man von all den vielen Details erschlagen. Man muss sich mit 3 verschiedenen Pedalen einer Gangschaltung und dem Lenkrad rumschlagen. Dabei soll man dann auch noch den Verkehr im Auge behalten — und nicht nur den Verkehr vor einem. Nein, man soll auch noch ständig in mindestens 2 verschiedene Rückspiegel schauen. Das Blinken darf man auch nicht vergessen. Bei all den vielen Dingen, auf die man achten muss, schwirrt einem der Kopf. Man ist überfordert und schafft es dann oft nicht mal mehr Blinker und Scheibenwischer auseinander zu halten. Man hat zig verschiedene Aufgaben gleichzeitig zu bewältigen. Wenn man später genügend Übung hat, dann empfindet man das nicht mehr als zig verschiedene Aufgaben. Man macht dann einfach nur noch eine Sache: Autofahren.

Aus dem Typ 2 Denkprozess ist ein Typ 1 Denkprozess geworden.

Das geht allerdings auch anders herum. Sie kennen vermutlich die Geschichte von dem Tausendfüßler, der von einem anderen Insekt gefragt wird, wie er das genau macht, mit so vielen Beinen zu laufen und dabei nicht den Überblick zu verlieren. Der Tausendfüßler versucht zu erklären, wie er das bewerkstelligt, und kann plötzlich keinen Schritt mehr tun, ohne dabei über seine eigenen Füße zu stolpern. Er macht aus dem Typ 1 einen Typ 2 Denkprozess und ist damit völlig überfordert.

Besonders schnell geraten Typ 2 Denkprozesse aus dem Ruder, wenn sie sich nicht nur mit den aktuell vorliegenden Tatsachen beschäftigen, sondern auch noch Alternativen ins Auge fassen. Aus einer einfachen Kette von Gedanken wird dann ein Entscheidungsbaum, mit einer unüberschaubaren Anzahl von Ästen. Oft kommt es dann auch noch zu Endlosschleifen. Egal wie man sich entscheidet, man kommt wieder beim Anfangsproblem an.

Diese Art zu denken, alle Alternativen zu erforschen, bis sich alles im Kopf dreht und man nicht mehr weiss wo vorne und hinten ist, ist die Grundlage für unsere menschliche Kultur. Der Sinn dessen, was tatsächlich so ist, wie es ist, ergibt sich erst aus der Gegenüberstellung mit dem, was sonst noch möglich wäre. Die Fähigkeit, über Möglichkeiten zu spekulieren, ist eine wirklich großartige Errungenschaft, aber birgt halt auch Probleme in sich — wie z.B. diese Endlosschleifen.

Wir haben ganz grundlegende Fragestellungen in Wissenschaft und Gesellschaft, mit denen wir auch nach mehreren tausend Jahren Kulturgeschichte immer noch nicht weiter gekommen sind, weil wir uns immer wieder in den gleichen Endlosschleifen verlaufen. Entspricht unser Realitätsbegriff der Realität? Das ist eine Frage, die nicht nur Philosophen bewegt, sondern auch Physiker beschäftigt. Oder: Wie begründen wir das Recht, über andere Menschen Recht zu sprechen? Es gibt unzählige Versuche einer schlüssigen Begründung. Aber letztendlich läuft es darauf hinaus, das wir es einfach tun.

Wir glauben zu wissen, was Realität bedeutet und haben auch ein Gefühl dafür, was recht und was unrecht ist. Das sind Typ 1 Denkprozesse.

Diese besondere Art von Typ 2 Prozessen, die grundsätzlich alles anzuweifeln und bewerten, nennen wir (ohne uns mit geisteswissenschaftlichen Feinheiten aufzuhalten) Kritisches Denken. Der Kritische Verstand, der zu allem „Ja, aber…" sagt, ist der direkte Gegenspieler des Autopiloten.

Unser Kritischer Verstand ist wirklich wunderbar, wenn es darum geht, über komplizierte Probleme nachzudenken, aber bei einfachen Sachverhalten, bei denen es auf unverzagtes Handeln ankommt, ist er oft hinderlich. Auch wenn man sich einfach nur zurücklehnen und genießen will, hilft der Kritische Verstand kein bisschen. Sie kennen diese Typen, die im Kino ständig meckern müssen, wie dumm doch die Handlung und wie billig die Spezialeffekte sind. Und so wie einem der notorische Nörgler den Kinobesuch vermasselt, ist der Kritische Verstand der natürliche Feind des bewussten Genusses von Trancezuständen.

Selbst wenn Sie oft gestresst sind und dazu neigen, sich über alles viel zu viele unnötigen und unerfreuliche Gedanken zu machen, laufen Sie jeden Tag zig mal auf Autopilot und ihr Kritischer Verstand hat gerade Sendepause oder ist mit irgend etwas anderem beschäftigt und kommt ihrem Autopiloten nicht in die Quere. Der einzige Unterschied zwischen dieser Alltagstrance und dem „in Hypnose sein" ist, dass Sie in die Alltagstrance gleiten, ohne das überhaupt zu merken, während sie sich beim in Hypnose gehen dessen voll bewusst sind. Und das birgt natürlich die Gefahr in sich, dass Sie anfangen, darüber nachzudenken: „Bin ich denn wirklich in Trance? Ich kann doch noch alles wahrnehmen…"

Wenn der Kritische Verstand in den Hintergrund tritt, dann bedeutet das übrigens nicht, dass man handzahm wird und zu allem ja und amen sagt. Man braucht keine aus dem Ruder laufenden Typ 2 Denkprozesse um heftigen Widerstand zu leisten.

Oft, wenn wir uns mit anderen streiten, sind wir so darauf konzentriert Recht zu haben, dass wir gar nicht merken, dass wir in einer anderen Situation vielleicht sogar genau die Meinung unseres Gegners vertreten würden. Der Kritische Verstand, der unsere eigene Position hinterfragen müsste, steht für diese Aufgabe gerade nicht zur Verfügung. Man sträubt sich, weil man einfach nicht will. Der Widerstand geht dann auf einen Typ 1 Denkprozess zurück und hat eine ganz andere Qualität als der chronische Zweifel des Kritischen

Verstandes.

Und wenn Menschen einen Psychotherapeuten aufsuchen, dann liegt das meistens daran, dass Typ 1 Denkprozesse Probleme bereiten. Man fühlt sich grundlos traurig, oder hat Ängste, die einfach der Vernunft widersprechen. Der bewusste Verstand kommt zu dem Schluss, dass etwas verändert werden muss, kriegt diese Änderung aber nicht hin. Sonst müsste man ja nicht zum Therapeuten.

Bei Rauchern hat es z.B. überhaupt keinen Sinn, an die Vernunft zu appellieren. Raucher sind ja nicht komplett blöd. Die wissen ganz genau, dass Rauchen ungesund ist, und dass es unvernünftig ist, es trotzdem zu tun. Raucher wissen das sogar aus eigener Erfahrung — und nicht nur aus den Medien. Wenn Wie einem Raucher immer mit der gleichen Leier kommen, dann helfen Sie ihm damit kein Stück. Im Gegenteil: Sie gehen ihm damit einfach nur auf die Nerven. Dieses ständige Gequengel von diesen Besserwissern geht Rauchern ganz gehörig auf den Sack. Besonders beliebt machen sich Klugscheisser, die nie im Leben geraucht haben und einem erzählen, dass man nur ein bisschen Charakterstärke braucht. Da kommen Aggressionen auf. Das stresst. Da braucht man direkt wieder eine Zigarette, um sich abzuregen und dem Blödmann zu zeigen, dass er einem den Buckel runterrutschen kann. Der Kritische Verstand hat das Nachsehen und der heftige Widerstand beruht auf emotionalen Reaktionen, also auf Typ 1 Denkprozessen.

Der Kritische Verstand ist aus der Sicht des Hypnotiseurs eher ein Nebendarsteller, den man nach Möglichkeit schnell abfertigt. Die eigentliche Arbeit beginnt erst, wenn man das erledigt hat. Und da geht es dann in erster Linie um das Zusammenspiel oder das Gegeneinander von Typ 1 Denkprozessen. Wenn Sie als Hypnotiseur das Wohl des Hypnotisierten im Auge haben, dann wollen sie in der Regel das Zusammenspiel verbessern. Man will, dass die Denkmaschine rund läuft, ohne das es knirscht.

Das geht nur, wenn man den Hypnotisierten auf seiner Seite hat. Und das bedeutet in der Regel, dass man nichts erzwingen kann. Die Brechstange ist nicht das Werkzeug der Wahl, wenn man will, dass der Denkapparat hinterher besser läuft.

Wenn Sie das Zusammenspiel der Denkprozesse bei Ihren Mitmenschen gegeneinander ausspielen wollen, dann können Sie jetzt gleich aufhören, zu lesen. Dazu brauchen Sie keine Finesse. Fangen Sie am besten an, mit Kindern zu üben: Scheissen Sie die Kleinen gehörig zusammen. Machen Sie ihnen Angst. Damit kann man den Kritischen Verstand leicht ausschalten, wenn man keine Rücksicht auf Verluste nimmt. Und bei Kindern ist das besonders leicht. Dann nehmen Sie eine beliebige Handlung des Kindes als Beispiel, um die positiven Absichten, die es damit in Verbindung gebracht hat, mit negativen Emotionen wie z.B. Schuldgefühlen oder Angst zu assoziieren:

„Wie? Du hast gedacht! Du sollst nicht denken! Du sollst das genau so machen, wie ich dir das gesagt habe.

[Fassungsloses Kopfschütteln] So wird nie was aus dir! [Immer noch zornig aber zusätzlich leicht weinerlich] Wenn ich das deiner Mutter erzähle, dann wird die wieder traurig. Und das ist dann deine Schuld."

Mit Erwachsenen mit einer gefestigten Persönlichkeit ist das etwas schwieriger. Wirtschaftliche Macht kann dabei jedoch sehr Hilfreich sein.

Das ist dann im Grunde genommen auch Hypnose. Angst vor Arbeitsplatzverlust und Armut lähmt den Verstand. Der Kritische Verstand wird umgangen und es wird gezielt Einfluss auf Typ 1 Denkprozesse genommen. Wenn Sie alles richtig gemacht haben, dann steht ihr Opfer völlig neben sich. Dann haben Sie es geschafft, ein Dissoziationserlebnis zu induzieren. Aber dazu bedarf es keiner Raffinesse. Sie kennen sicherlich genügend Personen, bei denen Sie sich das abschauen können. Steine ins Getriebe zu werfen ist halt deutlich einfacher, als es zu reparieren.

Wenn wir das bisher Gesagt noch einmal zusammenfassen: Hypnose hat oft etwas mit Trancezuständen zu tun und es geht auch oft um unbewusste Denkprozesse. Aber am besten kann man Hypnose als eine Vorgehensweise beschreiben, bei der das Augenmerk auf Typ 1 Denkprozesse (Gefühle und andere Denkprozesse, die schnell und automatisch ablaufen) gelenkt wird, während man gleichzeitig anstrebt Typ 2 Denkprozesse (das gründliche Nachdenken) aus dem Spiel rauszuhalten. Man will nicht mit dem Kritischen Verstand argumentieren, sondern automatisch ablaufende Prozesse verändern.

Man zwingt den Geist des Hypnotisierten nicht auf einen bestimmten Weg. Vielmehr baut man ihm eine schöne breite Straße, die zum erwünschten Ziel führt. Solange dieses Ziel im Interesse aller Beteiligten ist, ist das eine gute Sache — auch wenn Meister Yoda und Matthaeus 7:14 etwas anderes behaupten.

Apropos Dunkle Seite der Macht und Pfad der Verdammnis: Kommen wir nochmal zurück zur Hypnose als Werkzeug des Bösen, mit dem man Menschen manipulieren und Verbrechen begehen kann. Das geht tatsächlich und findet auch tatsächlich ständig statt. Aber wir kommen in der Regel nicht auf die Idee, das mit Hypnose in Verbindung zu bringen und es wird dabei auch niemand in einen willenlosen Zombie verwandelt. Ich spreche von Werbung und Taschendiebstahl.

Werbung ist so gestaltet, dass sie die Aufmerksamkeit auf sich lenkt, kleine Geschichten erzählt, die den Zuschauer in ihren Bann ziehen und es dabei tunlichst vermeiden, den Kritischen Verstand zu aktivieren. Werbung kommt einem nicht mit Argumenten — denn Argumente fordern Gegenargumente geradezu heraus, sondern präsentieren Emotionen. Werbung schafft eine Verbindung vom Produkt zu einem guten Gefühl. Man rennt dann nicht direkt los und kauft alles, was man in der Werbung gesehen hat. Aber wenn man vor einem Kühlregal mit 20 Sorten Butter steht, dann kauft man mit höherer Wahrscheinlichkeit diejenige, mit der man das angenehmere Gefühl assoziiert. Vielen Kunden ist dann das gute Gefühl, das sie beim Auswählen des

Produktes haben, auch etwas mehr Geld wert. Bei der Butter sind das vielleicht 10-20 Cents.

Bei Computern oder Autos kann das auch etwas mehr ausmachen. Aber das heisst nicht, dass der Kritische Verstand dabei völlig ausgeschaltet wird. Das rote Cabriolet mag einem das gewisse Kribbeln im Bauch oder das Gefühl von Freiheit verschaffen — wenn man 3 Kinder und einen Labrador hat, wird es dann doch der Kombi.

Wenn man dem Kaufpreis einen wichtigen Stellenwert beimisst, kann man auch gezielt so vorgehen, dass man den Einfluss der Werbung minimiert. Man schaut z.B. gar nicht mehr auf die Produktverpackungen sondern nur auf die Preisschilder am Regal (und da auch nur auf die Preise pro 100g). Aber das ist bereits ein Typ 2 Denkprozess. Das gute Gefühl wenn man das Bild auf der Butterpackung sieht, die frische Brise, die grünen Wiesen, die glücklichen Kühe: das sind Typ 1 Denkprozesse.

Die Werbung zwingt uns zu nichts. Aber sie weist uns einen bequemeren, angenehmeren Weg, eine Wahl zu treffen.

Es wäre sicherlich übertrieben, die Werbebranche als Macht des Bösen zu bezeichnen. Aber Werbung für bestimmte Produkte wie z.B. Zigaretten ist inzwischen gesetzlich verboten. Und man kann der Werbebranche mit Sicherheit auch nicht vorwerfen, dass sie uneigennützig das Wohl des Konsumenten im Auge hat.

Was hat nun Taschendiebstahl mit Hypnose zu tun? Ganz einfach: Der Dieb muss die Aufmerksamkeit des

Opfers lenken und verhindern dass das Opfer merkt, das etwas faul ist. Geschicklichkeit und Übung sind sicherlich notwendig um schnell und unbemerkt an eine Brieftasche zu kommen, aber entscheidend ist, dass das Opfer seine Aufmerksamkeit auf etwas anderes fokussiert. Deshalb arbeiten Taschendiebe gerne im Team. Der Diebstahl findet nicht einfach im Vorübergehen statt sondern das Opfer wird vom Komplizen in ein Gespräch verwickelt. Da wird z.B. nach dem Weg gefragt, und natürlich ist man da behilflich. Um den Weg zu erklären, muss man in Gedanken die Strecke zurücklegen und dazu auch noch mehrere Alternativrouten miteinander vergleichen und außerdem auch noch nach markanten Punkten suchen, die man gut beschreiben kann. Achten Sie einmal darauf, wenn Sie das nächste mal jemanden nach dem Weg fragen: Sie können ihrem Gegenüber geradezu beim Denken zuschauen. Vermutlich wird der Blick kurz starr und dann kann man oft an den Augenbewegungen oder vielleicht sogar an Kopfbewegungen oder Handbewegungen sehen, wie er die unterschiedlichen Stationen auf dem Weg durchgeht.

Das Gehirn arbeitet dabei auf Hochtouren und ist voll und ganz auf dieses Problem konzentriert. Nebensächlichkeiten interessieren jetzt nicht und werden ausgeblendet. Wenn man dann noch mit Außenreizen überflutet wird (Berührung am Arm, „Schauen Sie mal hier auf der Karte") dann bekommt man vom Griff in die Tasche nichts mehr mit. Es geht darum, dass ein bestimmter Typ 1 Denkprozess **nicht** stattfindet.

Hypnosetherapie ist in dieser Beziehung oft sehr ähnlich. Man lenkt den Klienten von dem Problem ab, und hilft ihm so, es zu lösen, ohne dass der er sich selbst dazwischenfunkt, indem er anfängt darüber nachzudenken: „Das ist ein wirklich schwieriges Problem. Da brauche ich sicherlich ganz viele Therapiestunden, um das in den Griff zu kriegen. Das kann sich nicht einfach so in Luft auflösen." oder „Das ist eine fiese Verletzung. Natürlich tut das höllisch weh. So einen Schmerz kann man doch nicht einfach vergessen."

Natürlich kann man so einen Schmerz vergessen. Wie ist das bei Ihnen? Wenn ihnen mal irgendwas weh tut, tut es das wirklich ununterbrochen? Jede Sekunde? Stundenlang, ohne Unterbrechung? Nein. Oft vergisst man den Schmerz, und wenn es auch manchmal nur für einen kurzen Moment ist. Und dann tut es auch nicht weh, bis wir uns dann plötzlich erinnern, dass wir ja eigentlich Schmerzen gehabt haben. Und das machen wir ganz ohne Hypnose.

Oft machen wir Schmerzen viel schlimmer indem wir uns ständig drauf konzentrieren, anstatt lieber was anderes zu tun. Man hat ein wenig Kopfschmerzen, und dann denkt man darüber nach, was man noch alles erledigen muss, und dass dann die Kopfschmerzen bestimmt nicht besser werden. Und man denkt, „dann muss ich mich noch mit diesem Idioten rumärgern... Aua!" Und die Kopfschmerzen werden schlagartig unerträglich. Wenn man sich dann entschließt, das nervige Programm zu streichen und stattdessen ein Nickerchen zu machen dann sind die Kopfschmerzen plötzlich gar nicht mehr so schlimm. Das ist dann oft eine prima Gelegenheit, anstelle der Kopfschmerzen ein schlechtes Gewissen zu bekommen.

Wenn man das einfach sein lässt, hat man schon viel gewonnen. Aber das sind Typ 1 Denkprozesse, die man dazu ändern muss.

Natürlich tut es weh, wenn man Dinge tut, die den Schmerzreiz erhöhen. Wenn man z.B. an der Narbe rumknibbelt oder versucht, mit einem verstauchten Knöchel zu laufen, dann tut das weh. Aber das ist dann auch gut so. Dafür sind Schmerzen da. Schmerz ist ein Warnsignal, das uns davon abhalten soll, uns selbst Schaden zuzufügen. Aber wenn man sich vernünftig verhält, und Rücksicht auf seinen Körper nimmt, dann gibt es auch keinen guten Grund mehr, ständig daran zu denken. An etwas Bestimmtes nicht zu denken ist ganz leicht, solange man nicht bewusst versucht, das zu unterlassen.

Hypnose hat sich gerade auch bei der Linderung von Schmerzen bewährt. Und auch bei Problemen, die mit Angst zu tun haben, ist sie sehr hilfreich. Das liegt auch daran, dass sich dieser Zustand fokussierter Aufmerksamkeit ganz gut mit körperlicher Entspannung verbinden lässt. Schmerz und Angst sind beides Notsignale, die zu einem Alarmzustand führen, der mit körperlicher Anspannung verbunden ist. Man kann nicht gleichzeitig entspannt sein und vor Angst zittern. Weil Hypnose traditionell schon immer gerne mit tiefer Entspannung verbunden wurde, die dann zu einem Zustand wie im Halbschlaf führt, hat sich dann wohl auch der Name „Hypnose" durchgesetzt. Aber man braucht diese tiefe Entspannung nicht unbedingt. Man kann nicht immer nur entspannt durch's leben gehen. Wir brauchen auch Spannung — aber nur in bestimmten Situationen und nicht 24 Stunden am Tag. Aber es ist durchaus nicht verkehrt, wenn man bei der Hypnose ganz nebenbei auch noch lernt, sich zu entspannen. Ausserdem gehört diese tiefe Entspannung irgendwie einfach dazu. Die Leute erwarten das. Und ganz davon abgesehen ist es ja auch sehr angenehm.

Also was ist Hypnose? Hypnose ist ein unglücklicher Begriff für bestimmte alltägliche Bewusstseinszustände und den zielgerichteten Umgang mit diesen Zuständen. Es geht um fokussierte Aufmerksamkeit. Es geht um Bewusstsein und Unbewusstes. Es geht um Dinge, die wir automatisch tun, ohne darüber nachzudenken.

Aber Hypnose hat nichts mit Schlaf zu tun, nichts mit Bewusstlosigkeit. Und niemand wird zum willenlosen Zombie gemacht. Hypnose ist ein Begriff für etwas, mit dem wir ständig zu tun haben, ohne ihm viel Beachtung zu schenken. Und Hypnose ist leider auch ein Begriff, der oft nutzlose Ängste schürt.

WIE HYPNOTISIERT MAN MENSCHEN?

Wie haben uns jetzt einen Überblick darüber verschafft, was Hypnose ist, und gesehen, dass es darum geht, Leute dazu zu bringen, etwas bestimmtes zu tun ohne darüber nachzudenken. Wir wollen keinen Zwang ausüben, denn Zwang auszuüben bedeutet, Widerstand niederzuringen. Im Idealfall wollen wir Widerstand gar nicht erst aufkommen lassen. Es soll leicht und natürlich sein.

Wir wollen:
• Widerstand vermeiden
• Typ 1 Denkprozesse anregen

Das hört sich billig an. Das ist es auch. Wir machen das ständig, ohne darüber nachzudenken, wenn wir z.B. jemanden freundlich um eine kleine Gefälligkeit bitten. Wenn wir z.B. fragen „Schatz, reichst Du mir mal die Butter?", dann können wir damit rechnen, dass unser Schatz keinen Widerstand leistet, und uns die Butter rüber schiebt, ohne großartig darüber nachdenken zu müssen. Wenn es dabei doch Widerstand geben sollte, dann ist die Butter vermutlich unser geringstes Problem.

Wenn wir tatsächlich in erster Linie nur die Butter haben wollen, dann kann es uns völlig egal sein, ob unser Schatz überhaupt merkt, dass er uns die Butter zuschiebt. Das ist eine so einfache Aufgabe, dazu ist keine bewusste Aufmerksamkeit notwendig. Wenn man tief in den Sportteil der Tageszeitung versunken ist, kann man so eine Kleinigkeit erledigen, ohne es wirklich wahrzunehmen.

Trancezustände können dabei eine Rolle spielen. Wie langandauernd dieser Trancezustand ist und ob er überhaupt als solcher erkennbar ist, hängt unter anderem davon ab, was man erreichen will. Will man nur eine unmittelbare Reaktion, dann braucht man in der Regel keine langanhaltende Trance. Wollen wir die Butter, dann brauchen wir dazu überhaupt keine Trance. Dass man seinem Partner die Butter reicht, gehört zu einer Beziehung, bei der man zusammen frühstückt, einfach dazu.

Will man eine langanhaltende Verhaltensänderung, dann braucht man oft etwas mehr Zeit. Man will einen Lernprozess anregen. Das bedeutet, dass die entsprechenden Denkprozesse mehrmals durchlaufen werden müssen. Das kann man auf viele leichte, kurzanhaltende Trancen verteilen (wie bei der TV Werbung) oder in einer langanhaltenden Trance am Stück durchziehen.

Unabhängig davon, ob sie mit Trancezuständen, die diesen Namen auch wirklich verdienen, arbeiten wollen oder nicht: Es geht letztendlich immer darum Typ 1 Denkprozesse anzuregen und das möglichst, ohne Widerstand dagegen heraufzubeschwören.

Nach dem vorangegangen Kapitel haben sie vielleicht auch schon die eine oder andere Idee, wie man das alles

bewerkstelligen kann: Seien sie kein Besserwisser.
Verlieren Sie nicht ihr Ziel aus den Augen, nur weil sich
eine Gelegenheit bietet, Recht zu behalten. Lassen Sie
sich nicht in Diskussionen verwickeln. Zielen Sie eher
darauf ab die Stimmung ihres Gegenübers zu ändern als
seine Meinung. Erzählen Sie Geschichten, die das
Erleben ansprechen aber dem Kritischen Verstand
wenig Angriffsfläche liefern. Halten Sie Ihr Gegenüber
auf Trab.

Denken ist nicht nur Kritischer Verstand. Unser ganzer
Körper ist am Denkprozess beteiligt. Wenn wir uns
sicher fühlen, dann entspannt sich unser Körper. Das
gilt aber auch umgekehrt: Wenn wir unseren Körper
entspannen, stellt sich ein Gefühl der Sicherheit ein. Sie
können die ganze Palette von Sinneseindrücken
benutzen um Typ 1 Prozesse anzuregen. Oft reicht es,
wenn Sie mithilfe von Worten, die Erinnerung an diese
Sinneswahrnehmung wachrufen. Wenn Sie erreichen
wollen, dass ihr Gegenüber sich entspannt, dann
erzählen Sie davon, wie es sich anfühlt, wenn man sich
am Strand entspannt. Oder lassen Sie Ihren
Gesprächspartner ausgiebig davon erzählen. Nur weil
Sie der Hypnotiseur sind, heisst das nicht, dass Sie
derjenige sein müssen, der sich den Mund fusselig
redet. Wenn es sich anbietet, dann fahren Sie tatsächlich
zum Strand. Warum nur darüber reden, wenn man das
gefühlsechte, reale Erlebnis haben kann?

Das ist eigentlich alles ganz einfach. Jeder von uns hat
die notwendigen Fähigkeiten dazu. Das muss man nicht
aus Büchern lernen. Wenn Sie an Situationen

zurückdenken, in denen es mit dem Zusammenleben mit Familie und Freunden wirklich gut lief, dann stellen Sie vermutlich fest, dass sich die Beteiligten so verhalten haben, wie oben beschrieben.

Das Problem ist nur, dass wir sehr schnell von diesem Erfolgsrezept abweichen, wenn es mal nicht ganz so rund läuft. Gerade dann, wenn wir am ehesten Grund haben, uns zu wünschen, wir könnten unsere Mitmenschen hypnotisieren, tun wir genau das Gegenteil. Wir gehen auf Konfrontation, fangen an zu argumentieren oder zu predigen. Oft genug verkehrt sich dadurch auch die Situation in das Gegenteil von dem, was wir ursprünglich erreichen wollten. Eltern, die ihre Kinder zum Lernen motivieren wollen, fangen an mit Strafen zu drohen und zu schimpfen und zu schreien und erreichen damit gar nichts. Anstatt einen netten gemeinsamen Abend zu verbringen, streitet man sich.

Wie sie es grundsätzlich richtig machen, wissen Sie. Das eigentliche Problem liegt darin, dass dann auch konsequent durchzuziehen, wenn man es am nötigsten braucht.
Dieses Problem haben wir nicht nur bei sozialen Interaktionen, sondern bei fast allem was wir tun. Wenn irgendetwas schief geht neigen wir dazu, uns auf den Fehler zu konzentrieren und nicht auf die Lösung. Wenn alles gut läuft, konzentrieren wir uns auf die Lösung (oder besser auf das gelöst laufen lassen), wenn es Probleme gibt, verlieren wir die Lösung aus dem Blick. Genau das passiert, wenn man anfängt zu

argumentieren und zu diskutieren. Da geht es nicht mehr um das Verhalten, das zum Ziel führt, sondern um Erklärungen dafür, dass diesem Verhalten der Vorzug vor Alternativen zu geben ist, oder um die gesellschaftspolitischen Hintergründe, welche die Vorliebe für diese Handlungsalternativen in einem ganz üblen Licht erscheinen lassen, und grundsätzliche Fragen bezüglich des Wertes von Subjekten, die sich erdreisten so etwas zu befürworten.

Wenn dieser Prozess erst mal eingesetzt hat, dann gibt es nur eine Möglichkeit dem ein Ende zu setzen. Man muss die Aufmerksamkeit ganz konsequent auf die Lösung fokussieren. Falls tatsächlich offene Sachfragen bestehen, dann muss man sich natürlich darum bemühen sie zu klären. Aber wenn die Sachfragen geklärt sind, dann hat es überhaupt keinen Sinn, sich auf unnötige Diskussionen einzulassen. Man muss sein Ziel im Auge behalten und dafür sorgen, dass alle Beteiligten sich ganz auf die dazu nötigen Schritte konzentrieren.

Wir können also unser Hypnoserezept um einen Punkt erweitern:

- Aufmerksamkeit fokussieren
- Widerstand/Argumentation/Kritischen Verstand umgehen
- Typ 1 Denkprozess anregen

„Fokussierte Aufmerksamkeit" hört sich ja positiv an und Denkprozesse anzuregen ist ja auch ein nobles

Anliegen. Aber den Kritischen Verstand zu umgehen, scheint dann doch eher das Metier von Schurken und Betrügern zu sein. Ordentliche Menschen überzeugen ihre Mitmenschen mit Argumenten, die der Überprüfung durch den Kritischen Verstand standhalten müssen.

Das, was wir mit der Hypnose vorhaben, ist auf den ersten Blick genau das Gegenteil von dem, was Sie in der Schule über das Verfassen einer Argumentation gelernt haben.
In der Argumentation geben Sie zuerst einen Überblick über die Fragestellung und legen dann ihren Standpunkt dar. Dann Arbeiten Sie sich durch Argumente und Gegenargumente und versuchen dabei jeweils die Gegenargumente zu entkräften. Dann kommen Sie zum Schluss, und legen nochmal Ihren jetzt wohlbegründeten Standpunkt dar.

Ohne die Aufmerksamkeit des Lesers funktioniert auch die Argumentation nicht und auch die Argumentation zielt darauf ab, den Leser zum Umdenken zu bewegen — ihn dazu zu bringen, zu lernen. Aber der Umgang mit dem Kritischen Verstand ist ein anderer. Als Hypnotiseur betrachtet man den Kritischen Verstand als ein wichtiges Werkzeug, das allerdings oft falsch angewandt wird und dann wenig hilfreich ist. Man versucht, mit dem Schraubenzieher einen Nagel in die Wand zu schlagen und tut sich dabei weh. Man versucht negativen Gefühlen mit klugen Argumenten zu begegnen und wundert sich, dass die Emotionen erst so richtig hochkochen. Wenn der Kritische Verstand das falsche Werkzeug ist, dann muss er beiseite gelegt werden.

In der Argumentation wird der Kritische Verstand hochgehalten, wenn nicht gar gefeiert. Argument und Gegenargument sind die Spielwiese des Kritischen Verstandes. Hier kann er sich austoben. Das ist genau die Denkweise, durch die Wissenschaft erst möglich wird — ordentliche Wissenschaft verlangt sogar, dass man sich bei den eigenen Argumenten besondere Mühe gibt, sie zu widerlegen. Wissenschaft lebt von dem Hin und Her von Argument und Gegenargument, Hypothese und Falsifizierung. Aber in der Hypnose will man das vermeiden.

Aber auch bei der Argumentation, wie sie in der Schule gelehrt wird, kommen schon gewisse Kniffe zur Anwendung, die den Kritischen Verstand überlisten und in in die richtige Richtung lenken sollen — auch wenn das den Kindern meistens nicht so unverblümt gesagt wird.

Man trägt nicht nur die eigenen Argumente vor und kehrt dann die Gegenargumente geflissentlich unter den Teppich. Das wäre die naheliegendste Vorgehensweise, wenn man einen bestimmten Standpunkt durchsetzen möchte. Aber man tut genau das Gegenteil: Es ist besonders geschickt, mit Gegenargumenten anzufangen. Denn was tut der Kritische Verstand besonders gerne, wenn er mit einem Argument konfrontiert wird? Richtig! Er hält dagegen.

Wenn man seinem widerborstigen Argumentationsgegner mit seinem eigenen Argument zuvorkommt, dann zieht man ihn auf jeden Fall auf seine Seite. Entweder widerspricht er dem Argument. Dann entkräftet er eins seiner eigenen Argumente. Oder er stimmt zu. Dann hält er zwar das Argument aufrecht, dass er später selbst vorgebracht hätte, aber sein Widerstand wird untergraben. Er nickt zustimmend. Er sagt „Ja, genau so ist es!" Er stimmt einem voll und ganz zu. Wenn man das ein paar mal hintereinander macht, dann fällt es dem vormaligen Gegner schwer, plötzlich auf Widerspruch zurückzuschalten. Wenn man nun behutsam anfängt, diese Argumente zu entkräften und dann vorsichtig, nachdenklich die eigenen Argumente vorbringt, dann erhält man immer noch Zustimmung. Und das, worüber man sich am Schluss einig ist, zählt. Alles was davor gelaufen ist, spielt keine große Rolle mehr. Der Kritische Verstand setzt sich mit den Details der einzelnen Argumente auseinander. Selbstverständlich hat er bei der Angelegenheit auch noch ein Wörtchen mitzureden. Man muss natürlich seine Arbeit ordentlich machen und die Argumente sauber ausarbeiten. Der Effekt, den man durch den geschickten Aufbau der Argumentation erreichen will, muss jedoch unbewusst wirken. Der Leser oder Zuhörer muss im Lauf der Argumentation lernen, dass er im großen und ganzen mit den Autor übereinstimmt, dass er sich deshalb auch mit der Schlussfolgerung einverstanden erklären kann. Es geht hier um die Gefühlslage und nicht um die Kritische Auseinandersetzung mit den dargelegten Fakten.

Diese Vorgehensweise würde man jetzt nicht Hypnose nennen wollen. Aber: Die Aufmerksamkeit wird gezielt auf bestimmte Argumente gerichtet. Und man umgeht den Kritischen Verstand anstatt ihn zu reizen. Dadurch wird Zustimmung provoziert und diese Zustimmung wird dann in die gewünschten Bahnen gelenkt. Und wenn man dann auch tatsächlich die Argumente sauber ausarbeitet und alle Fakten richtig darstellt, dann kann einem niemand Manipulation vorwerfen.

Zu einer ordentlichen Argumentation gehören natürlich immer auch Beispiele, um die Argumente zu veranschaulichen. Diese Beispiele sind für die Emotionen, die wir mit der Argumentation verbinden, entscheidend. Und Beispielen kann man nicht so leicht widersprechen wie Argumenten. Man kann z.B. dem Argument, dass man für Entwicklungshilfe Geld spenden soll, weil durch Entwicklungshilfe vielen Menschen geholfen wird, durchaus sachlich begegnen. Entwicklungshilfeprojekte haben in der Vergangenheit oft indirekt auch Schaden angerichtet. Aber ein Bild von einem nackten, unterernährten Kind kann man schlecht widerlegen.

Und daraus können wir für den Alltag eine Menge lernen. Oft sind wir so versessen darauf, Recht zu haben, dass wir nur noch unsere eigenen Argumente sehen. Wir beharren steif auf unserer Position und unser Gegenspieler macht das genau so. Aus einer manchmal völlig unbedeutenden Meinungsverschiedenheit werden so Grabenkämpfe. Es heisst immer: „Der klügere gibt nach." Das stimmt. Aber der Klügere muss nachgiebig sein, und verhindern dass er überhaupt erst Widerstand provoziert. Diesen klugen Spruch nach verlorener

Schlacht zum Besten zu geben ist dann kein Zeichen von Weisheit sondern das letzte Aufmucken des inneren Besserwissers. Sie haben diesen Satz sicherlich auch schon einmal benutzt und Sie wissen: Man fühlt sich dabei nicht wirklich als Sieger.

Wenn man sich nun Hypnose im Unterhaltungsfilm anschaut oder das Vorgehen von Showhypnotiseuren beobachtet, dann stellt man fest, dass die nicht lange um den heißen Brei herumreden, und auch dem Kritischen Verstand ihres Opfers nicht entgegenkommen, sondern sehr bestimmt ihre Anweisungen geben. Das ist die klassische oder autoritäre Form der Hypnose. Autorität kann den Kritischen Verstand übertrumpfen und ausschalten. Autorität zu haben bedeutet, dass andere Menschen glauben, dass man weiss, wovon man redet, und dass es besser, ist zu tun, was man sagt. Solange das funktioniert, spricht nichts dagegen, das auch auszunutzen. Wenn es nur mit Autorität nicht klappt, dann muss man sich etwas anderes einfallen lassen. Aber nur weil man direkte Anweisungen gibt und sich auf Autorität stützt, heisst das noch lange nicht, dass man nicht geschickt vorgeht. Man fängt mit einfach zu befolgenden Anweisungen an, die keinen Widerspruch heraufbeschwören. Deshalb ist auch die Entspannungstrance in der Klassischen Hypnose so beliebt. Die einzelnen Schritte, mit denen man beginnt, sind wirklich kinderleicht auszuführen. Tief durchatmen und die Augen schließen kann nun wirklich jeder. Dann wird jedes einzelne Körperteil für sich entspannt. Zwischendurch muss man immer wieder auf seine

Atmung achten. Da kommt einiges an Anweisungen, denen man folgen muss, zusammen. Während sich der Körper entspannt, wird der Verstand auf Trab gehalten, hat aber auch keinen Anlass, den Kritischen Verstand hochzufahren. Dann schickt man den Hypnotisierten auf eine Fantasiereise auf die Blumenwiese oder an den Strand (die sind immer sehr beliebt) und streut dann allmählich Elemente ein, die mit den erwünschten Lernprozessen in Zusammenhang stehen.

Inzwischen pflegen gerade Psychotherapeuten einen anderen Hypnosestil. Sie arbeiten nicht mehr so viel mit direkten Anweisungen sondern nehmen eher indirekt Einfluss. Sie geben keine Befehle, sondern erwähnen lediglich Tatsachen.

„Sie brauchen gar nichts zu tun… Sie können sich einfach zurücklehnen… und entspannen…. Und Sie hören meine Stimme… Merken Sie, wie Ihr Atem ruhiger wird?… Ja genau… Das bedeutet, dass Sie in Trance gehen…" fordert weniger widerstand heraus als „Hören Sie nur auf meine Stimme!… Lehnen Sie sich zurück und Entspannen Sie sich. Ihr Atem wird ruhiger! …Sie gehen tiefer und tiefer in Trance!"

Diese indirekte Methode hat den Vorteil, dass man flexibel bleibt. Man kann das eigentliche Ziel im Auge behalten und läuft nicht so sehr Gefahr, sich mit Kleinigkeiten rumzuschlagen. Im obigen Beispiel kann es mir völlig egal sein, ob sich die Person zurücklehnt oder nicht. Hauptsache sie entspannt sich. Wenn ich einfach erwähne, dass man sich zurücklehnen kann, und sie tut es nicht, dann macht das nichts. Ich kann dann auch flexibel reagieren mit: „Aber beim Meditieren sitzt man kerzengerade... So kann man sich noch besser entspannen... und noch tiefer... und ruhiger... atmen..."

Wenn ich den Befehl gebe, sich zurückzulehnen, dann kann ich so ein impertinentes Verhalten nicht durchgehen lassen. Wenn ich nicht konsequent bleibe, kann ich meine Autorität nicht aufrecht erhalten.

Der Übergang von der direkten zur indirekten Form ist fließend. Und es spricht auch nichts dagegen, dass man je nach Situation zwischen den unterschiedlichen Stilen wechselt. Wenn man indirekt angefangen hat und alles prima läuft, spricht nichts dagegen, auch mal direkte Anweisungen zu geben. Man hat sich die notwendige Autorität dazu erarbeitet. Die Leute merken, dass das ‚was man erzählt, funktioniert und sind dann auch eher bereit, mitzumachen. Wozu dann um den heissen Brei herumreden, wenn es auch kurz und knackig geht?

Es gibt auch Situationen, die nach dem direkten Stil, der keinen Widerspruch duldet, geradezu verlangen. In der Showhypnose geht es ja gerade darum, dass der Hypnotiseur seine fürchterliche Macht über den schwachen menschlichen Verstand demonstriert. Dementsprechend direkt müssen dann die Anweisungen gegeben werden.

In Ausnahmesituationen, wenn Menschen eine sehr starke emotionale Reaktion zeigen, panische Angst oder rasenden Zorn, hilft es wenig, zu erwähnen, dass die meisten Menschen sich entspannen können, wenn sie auf ihren Atem achten. Da muss man ganz klare Anweisungen geben: „Schauen Sie mich an! Wie ist Ihr Name? Hören Sie, was ich Ihnen sage! Atmen Sie tief durch! Ein… und aus… einatmen… und ausatmen… Sie werden ruhiger und entspannen sich." Klare Anweisungen. Sie stellen sicher, dass Sie die volle Aufmerksamkeit haben. Widerspruch gibt es nicht.

Also: Man kann direkt Anweisungen geben, oder man kann eher indirekt vorgehen, und einfach Ideen in den Raum stellen. Das Wort „Suggestion" bedeutet im Englischen „Vorschlag" oder „Andeutung".

Dann stellt sich die Frage, ob man offen Hypnose betreibt oder ob man das lieber nicht an die große Glocke hängen möchte. Auch das hängt selbstverständlich von der Situation ab. Der Showhypnotiseur nennt das, was er tut, selbstverständlich Hypnose. Wenn man psychotherapeutisch arbeitet und der Klient möchte gerne mit Hypnose arbeiten, dann wendet man selbstverständlich ganz offen Hypnose an.

Es gibt aber nur recht wenige Situationen, in denen es überhaupt angemessen ist, offen als Hypnotiseur in Erscheinung zu treten. Wenn man bei Freunden oder Kollegen Hypnosetechniken anwendet, um deren Stimmung zu verändern, dann sagt man nicht „Komm, ich hypnotisier dich jetzt, damit du nicht mehr so gereizt bist." Selbstverständlich muss man dann auch entsprechend vorgehen. Man kann dem entnervten Kollegen schlecht die direkte Anweisung geben, er solle auf seine Atmung achten und seine Schultern entspannen, und seine Arme. Das wäre übrigens die ausführliche Fassung von dem, was die meisten immer wieder erfolglos versuchen, wenn sie sagen: „Komm, reg dich ab." Das macht die Sache meistens nicht besser. Damit fordert man nur Widerstand heraus.

Empfinden Sie es als angenehm, genervt zu sein? Aber wie oft haben Sie selbst schon gesagt „Ich will mich jetzt nicht abregen!" Diesen Widerstand muss man irgendwie umgehen. Emotionen (und dazu gehört auch das genervt sein) kommen in Schüben und verfliegen nach spätestestens 1-2 Minuten wieder — es sei denn man regt einen neuen Schub an. Bei solchen Emotionsschüben werden große Mengen an Neurotransmittern ausgeschüttet, die sich auf das gesamte Nervensystem auswirken. Das ist ein chemischer Vorgang, und diese Chemikalien werden in 1-2 Minuten aufgebraucht. Daran kann man dann auch wenig ändern. Wenn man sich aber länger als 2 Minuten über etwas aufregt, dann liegt das daran, dass man sich in einer Endlosschleife verrannt hat. Irgendetwas geht schief. Man bekommt einen Adrenalinschub und regt sich auf. Man stellt die Schuldfrage und ärgert sich über denjenigen, der dafür verantwortlich ist. Man stellt fest, dass das schon mal längst geklärt hätte werden müssen. Nach kurzer Zeit klingt der Adrenalinschub ab und man stellt fest, dass das Problem immer noch da ist, und dass man der Lösung kein bisschen näher gekommen ist. Argh! Wenn man diesen Idioten, der das verbrochen hat in die Finger kriegt! Also: Neuer Adrenalinschub, die gleichen Gedankengänge nochmal. Die Aufregung kommt in Wellen. Will man diese Endlosschleife unterbrechen, dann macht man das am besten wenn die Aufregung abklingt. Direkt nach dem Adrenalinschub kann man wenig ausrichten. Die chemischen Botenstoffe müssen erst aufgebraucht werden. Das braucht einfach seine Zeit. Entscheidend ist, dass man die Aufmerksamkeit des Stressopfers in andere Bahnen lenkt, so dass es vergisst, das nächste Adrenalinfeuerwerk abzufeuern.

Wenn es sich ergibt, kann man geschickt auf ein Thema überleiten, dass mit Entspannung zu tun hat, z.B.: „(Seufzen) Es gibt Tage, da wäre man lieber im Bett geblieben… Einfach alles vergessen und ausspannen…" oder „(Seufzen) Ich bin auch urlaubsreif… Einfach mal abschalten…" Oft macht man das ganz instinktiv richtig. Im Zweifelsfall kann man auch die Ausbrüche des Stressopfers einfach ignorieren und kommentarlos aber sehr bestimmt die Problemlösung vorantreiben. Zu erwähnen, dass es viel besser ist, ergebnisorientiert vorzugehen statt sich aufzuregen, spart man sich dabei besser für später auf. Man tut es einfach. Man lenkt die Aufmerksamkeit auf die Problemlösung, vermeidet es, durch gutgemeinte Ratschläge Widerstand und damit weitere Aufregung zu provozieren und lenkt die Gedanken in andere Bahnen. Wenn der stressanfällig Kollege merkt, dass das besser funktioniert und auf Dauer angenehmer ist, als sich aufzuregen, dann macht er das vielleicht irgendwann ganz von allein so. Das sieht dann nicht aus wie

Hypnose, aber das sind genau die drei Punkte, die Hypnose ausmachen:

•Aufmerksamkeit fokussieren,
•Widerstand/Argumentation/Kritischen Verstand umgehen,
•Typ 1 Denkprozesse anregen.

Dann gibt es auch eine Vielzahl von Techniken und Übungen, bei denen es sich ganz offensichtlich um Hypnose handelt, mit direkten Anweisungen und Trance mit tiefer Entspannung. Das Einzige was fehlt, ist die berühmt berüchtigte Taschenuhr als Pendel. Aber das Ganze tritt unter einem anderen Namen auf. Das heisst dann nicht „Hypnose" sondern „Traumreise" oder „Autogenes Training" oder „eine kleine Entspannungsübung". Und mit dem Namen ändert sich auch die Einstellung zu diesen Techniken. Bei „Traumreise" denkt niemand an Manipulation. Da wird niemand zu irgendetwas gezwungen, sondern im Gegenteil: Der Geist wird befreit um selbst auf überraschende Wahrheiten zu stoßen. Beim Autogenen Training lernt man schon in der Grundstufe, dass man mit etwas Übung Einfluss auf sein Vegetatives Nervensystem nehmen kann. Das Vegetative Nervensystem kontrolliert Atmung, Herzschschlag, Blutdruck und Stoffwechselfunktionen des Körpers. Alles Dinge, die unser Körper mit uns anstellt, von denen wir glauben, dass wir nichts daran ändern können, denen wir ausgeliefert sind. Die „kleine Entspannungsübung" funktioniert genauso wie Autogenes Training, ist aber für Leute gedacht, die bei dem Wort „Training" schon aufgeben, weil das viel zu anstrengend ist.

Sowohl die Traumreise als auch das Autogene Training sind Klassische Hypnose in Reinkultur — aber halt ohne diesen garstigen Namen.

ENTSPANNUNG

Während vielen Menschen bei dem Begriff „Hypnose"
nicht ganz wohl ist, hat wohl kaum jemand Angst vor
der fürchterlichen Macht der Entspannungsübung.
Das ist vermutlich auch einer der Gründe dafür, dass
eine tiefe Entspannung ein fester Bestandteil der Arbeit
mit Hypnose in der Therapie ist. Entspannung erfüllt im
Kontext einer Hypnosesitzung mehrere Funktionen:

Entspannung ist leicht zu erreichen.
Sie kennen sicherlich Entspannungs-CDs, und dass es
beim Autogenen Training darum geht, ruhig zu atmen
und die Arme und Beine schwer zu machen, gehört
schlicht zum Allgemeinwissen. Die Entspannung wird
dadurch erreicht, dass man ganz bewusst auf die
Atmung achtet und dann ganz gezielt die einzelnen
Muskelgruppen im Körper in Angriff nimmt. Das
heisst, man hat eine Vielzahl von einzelnen Schritten,
aber man muss sich diese Schritte nicht alle merken,
denn man kann den Körper ganz systematisch vom
Scheitel bis zu den Zehenspitzen durchgehen. Das
bedeutet, man kann ganz locker, ohne Lernaufwand
oder einen Funken Kreativität, ein halbstündiges
Hypnoseprogramm abspulen. Das Programm besteht
aus vielen kleinen Schritten, bietet also jede Menge
Gelegenheiten für kleine Erfolgserlebnisse. Das ist für
den Klienten ideal, um den Zugang zur Hypnose zu

finden.

Der Effekt ist überprüfbar.
Wenn man arbeitet erwartet man Erfolge. Und diese
Erfolge muss man überprüfen können. Bei der Hypnose
arbeiten wir mit den Gedanken anderer Menschen. Die
können wir nicht sehen, und daher können wir auch nur
schlecht überprüfen, ob das, was wir getan haben, auch
tatsächlich Erfolg hatte. Es ist für den Hypnotiseur
ungemein wichtig zu wissen, ob der Klient mitmacht
und das nachvollzieht, was man ihm suggeriert.
Deshalb macht man ganz gerne Tests, bei denen man
körperliche Reaktionen suggeriert. Man will, dass der
Klient Kunststückchen aufführt, um einen sichtbaren
Erfolg zu haben. Den Ganzen Körper zu entspannen, ist
ein solches Kunststück. Man kann den Erfolg mit
bloßem Auge sehen. Die Gesichtszüge sind entspannt,
die Körperhaltung hat sich verändert, die Schultern
hängen, der Atem geht ruhiger. Man kann den Erfolg
auch überprüfen, indem man (mit Vorwarnung, wir
wollen den Klienten ja nicht erschrecken) seinen Arm
ein klein wenig am Handgelenk anhebt und loslässt.
Das sollte sich anfühlen, als würde man den
sprichwörtlichen nassen Lappen anheben. Dieser Test
mit der Suggestion der erwünschten Reaktion gehört
z.B. fest zur Dave Elman Induktion. Man sagt: „Ich
hebe gleich Ihren Arm ein paar Zentimeter an und er
sollte sich dabei anfühlen wie ein nasser Lappen."
Eine körperliche Reaktion ist nicht zuletzt auch für den
Klienten wichtig. Nicht nur der Hypnotiseur braucht
positives Feedback. Auch für den Klienten wird
deutlich, dass da etwas passiert, wenn er selbst

körperliche Reaktionen zeigt. Entspannung bietet sich hier an, weil man dabei als Klient keinen Gesichtsverlust erleidet. Man kann sich ganz natürlich verhalten und der Erfolg zeigt sich gerade darin, dass man keine Kunststückchen macht — sondern ganz ausdrücklich nichts tut — aber das hochkonzentriert und mit ganzer Hingabe.

Man gibt sich keine Blöße, obwohl man sich in einer Art und Weise verhält, wie das im Umgang mit Fremden normalerweise nicht üblich ist. Wenn jemand mit einem spricht, dann hat man gefälligst hellwach zu sein und so zu tun, als würde man interessiert zuhören, und sollte nicht wie ein nasser Sack im Sessel hängen. Diese Entspannungsübung markiert also auch für den Klienten, dass hier etwas Besonderes passiert.

Entspannung hilft gegen Angst.

Entspannungsübungen gehören zum Standardrepertoir bei der Behandlung von Angststörungen. Der Klient erlernt zunächst Entspannungstechniken und wird so gerüstet mit der angstauslösenden Situation konfrontiert. Aber auch wenn ein Klient nicht wegen einer Angststörung um Hilfe eines Therapeuten ersucht, spielen Ängste immer eine Rolle. Da ist die Angst, dass man die Probleme nicht in den Griff bekommt, die Angst, dass die Beziehung oder die Familie auseinander bricht. Oft spielt auch die Angst, den Arbeitsplatz zu verlieren, eine ganz wichtig Rolle.

Und dann ist da natürlich auch sehr oft eine meist unausgesprochene Angst vor der Therapie selbst. Da muss man sich einem wildfremden Menschen anvertrauen, der in fremdartigen Psychotechniken ausgebildet ist und womöglich ganz merkwürdige Dinge mit einem anstellen wird. Oft sind einem die Probleme, wegen denen man den Therapeuten aufsucht, schrecklich peinlich. Man hat Angst, sich damit jemandem anzuvertrauen. Und dann sind da ja auch noch die dunklen Geheimnisse, die überhaupt nichts mit dem Problem zu tun haben. Aber was ist, wenn die dann doch rauskommen? Psychotherapie ist halt für die meisten Klienten etwas völlig Neues. Und da hat man dann halt mal ein kleines bisschen Angst davor.

„Hypnose" ist, wie wir ja bereits gesehen haben, ein aufgeladener Begriff. Man sitzt dann nicht nur einem normalen Psychotherapeuten gegenüber, sondern sieht sich der fürchterlichen Macht eines Hypnotherapeuten ausgeliefert. Dass Hypnotherapeuten die herzensgutesten Menschen sind, denen nichts wichtiger ist, als ihre Mitmenschen glücklich zu machen, passt halt nicht in das Bild, das wir uns von Hypnotiseuren machen. Hypnose ist eine vergleichsweise angenehme Art der Psychotherapie. Im Gegensatz zu vielen anderen Therapieformen werden hier halt keine Typ 2 Denkprozesse abgefordert, sondern Typ 1 Reaktionen angeregt. Es geht in der Hypnosetherapie eben nicht darum, an den Gesunden Menschenverstand des Klienten zu appellieren und ihm dann einen Akt der Willensstärke abzuverlangen.

Sie kennen sicherlich folgende Szene aus diversen Filmen über Analytische Psychotherapie. Der Patient liegt beim Psychiater auf der Couch und spricht über seine Kindheitserinnerungen, während der Psychiater

Notizen in seinen Block kritzelt und so tut, als würde er zuhören. Anstatt sich jedoch zu entspannen, wo er doch auf so einem schönen bequemen Sofa liegt, ist der Patient angespannt, springt dann oft auch auf und läuft im Zimmer auf und ab, was den Psychiater dann auch tatsächlich dazu veranlasst, von seinem Notizblock aufzublicken. Oft stürmt der entnervte Patient dann aus der Praxis, kommt dann aber brav zum nächsten Termin zurück.

Filmszenen, die beim Hypnosetherapeuten spielen, kennen wir praktisch nicht. Die Veränderungen, die mit der Hypnose erzielt werden, sind durchaus dramatisch — aber halt ohne das Drama, das wir aus den Filmen über Analytische Therapie kennen. Zwar fließen auch in der Hypnotherapie gelegentlich Tränen, aber oft äußern sich die inneren Kämpfe lediglich in einem vorübergehenden Stirnrunzeln. Und der Klient muss dabei seine Geheimnisse vor dem Therapeuten nicht bis ins kleinste Detail entblößen. Und gerade das ist es ja vermutlich, wovor die meisten Menschen, sich insgeheim am meisten fürchten, wenn sie mit einer Psychotherapie beginnen.

Dennoch haben die meisten Klienten vor Hypnosetherapie mehr Angst, als vor einer „normalen" Psychotherapie. Und das ist vermutlich einer der Gründe dafür, dass Entspannung in der Hypnotherapie eine so wichtige Rolle spielt. Man fängt nicht sofort mit „richtiger Hypnose" an, sondern macht einfach zum Warmwerden eine kleine Entspannungsübung. Und das kennen wir. Das ist harmlos und das kann man sich ja sogar einfach als CD kaufen und allein zu Hause anhören.

Und wenn man mit diesen Entspannungsübungen anfängt, dann hat man immer einen sicheren Hafen in der Hinterhand, zu dem man sich zurückziehen kann, wenn die See zu stürmisch wird. Das kann (und sollte) man auch immer fest als Suggestion in den Aufbau der Hypnose einbauen. Wenn man einen angenehm entspannten Zustand hergestellt hat, suggeriert man: „Sie spüren den Stuhl, auf dem Sie so angenehm entspannt sitzen, und können sich hier in diesem Raum völlig sicher fühlen. Immer wenn Sie den Stuhl unter sich spüren, wissen Sie das sie sicher sind." Diesen Sicherheitsanker kann man dann im Notfall sehr schnell wieder abrufen, indem man mit ruhiger aber bestimmter Stimme sagt: „Sie fühlen den Stuhl auf dem Sie sitzen und wissen, dass Sie sicher sind."

Das gibt dann nicht nur Ihrem Klienten Sicherheit, sondern auch Ihnen als Hypnotiseur, und zwar vor allem auch genau dann, wenn Sie diese Sicherheit am nötigsten brauchen. Es kann unter Hypnose in ganz seltenen Fällen ganz spontan zu heftigen emotionalen Reaktionen kommen. So ein Ausbruch nennt sich „Abreaktion". Der Begriff geht bereits auf die Zeiten von Freud zurück. Die meisten Autoren und Hypnoseausbilder geben an, so eine spontan auftretende Abreaktion noch nie erlebt zu haben. Bei Vorgehensweisen, bei denen man ganz gezielt traumatische Ereignisse bearbeitet, kommen solche Abreaktionen regelmäßig vor, aber das würde den

Rahmen dieses Buches sprengen. Für den Fall der Fälle gibt es aber ganz einfache Verhaltensregeln und ein standardisiertes Vorgehen. Damit Sie es schnell finden und immer wieder durchspielen können, habe ich es im Anhang Schritt für Schritt beschrieben. Prägen Sie sich das auf jeden Fall gut ein, dann kann ihnen nichts passieren.

Nach diesem Exkurs über extreme emotionale Reaktionen, kommen wir aber nun zurück zur Entspannung. Entspannung hilft in allen möglichen Situationen, die im Zusammenhang mit Psychotherapie eine Rolle spielen. Sie hilft bei Angststörungen und auch bei anderen Ängsten, die so im Rahmen einer Therapie auftreten.
Aber Entspannung kann auch im Alltag äussert hilfreich sein, auch ohne dass man tatsächlich von Ängsten geplagt wird.

Entspannung hilft bei Stress.
Die meisten von uns fühlen sich hier und da mal etwas gestresst. Stress ist an und für sich nichts Schlechtes. Stress ist ein angespannter Zustand erhöhter Alarmbereitschaft, in dem wir in vielerlei Hinsicht leistungsfähiger sind als in entspanntem Zustand. Es gibt dabei aber Grundsätzlich zwei Probleme:

Dauerstress ist gesundheitsschädlich. Wenn man ständig unter Volldampf steht, dann überfordert man sich auf Dauer. Wir sind einfach evolutionär nicht darauf ausgelegt Dauerstress auszuhalten. Wenn man einen Mammut auf eine Klippe zutreiben will, dann ist

dieser vorübergehende Energieschub eine feine Sache.
Gelegentlich ein wenig Stress ist sogar ganz gesund.
Wenn man hingegen noch ein halbes Jahr hat, um das
wichtige Projekt, von dem die Zukunft des Betriebes
abhängt, erfolgreich abzuschließen, dann kann man
nicht die ganze Zeit diese Anspannung aufrechterhalten,
ohne gesundheitliche Folgen in Kauf zu nehmen. Diese
Art von Dauerstress bringt uns nicht weiter —sondern
um.

In unserer modernen Welt haben wir es teilweise mit
völlig anderen Anforderungen zu tun, als unsere
Vorfahren. Wir müssen uns nicht mehr gegen wilde
Tiere wehren. Unsere Arbeit besteht vermehrt aus
langfristiger Planung, Papierarbeit und Nachdenken.
Dafür braucht man nicht permanent eine körperliche
Alarmbereitschaft. Kurze körperliche Anspannung kann
zwar auch bei solchen Arbeiten hilfreich und gesund
sein (dazu später mehr), aber es darf kein Dauerzustand
werden. Und auch die kurzen Momente der
Anspannung sollten sich in ihrer Intensität in Grenzen
halten. Wir wollen einen kleinen Kraft- und
Motivationsschub und keine Panikattacken oder
Nervenzusammenbrüche.

Daher ist es wirklich wichtig, in der Lage zu sein, sich
auch in Stresssituationen ganz bewusst entspannen zu
können und einen klaren Kopf zu bewahren. Und das
lernt man in der Hypnosesitzung bei einer Induktion,
die auf körperlicher Entspannung basiert, ganz
nebenbei.

Entspannung dämpft den Kritischen Faktor.
Auch wenn man keine Themen behandelt, die Angst

oder Stress auslösen, ist körperliche Entspannung sehr hilfreich dabei, unsere 3 Hauptkriterien für eine erfolgreiche Hypnose zu erfüllen. Wir erinnern uns, wir wollen:

•Aufmerksamkeit fokussieren,
•Widerstand/Argumentation/Kritischen Verstand umgehen,
•Typ 1 Denkprozesse anregen.

Wenn wir körperlich aktiv und spannungsgeladen sind, können wir unsere Aufmerksamkeit oft nicht so gut auf eine Sache fokussieren. Es geht dabei beileibe nicht darum, dass man in der Lage sein muss, stundenlang eine Kerzenflamme anzustarren und dabei eins mit dem Universum zu werden. Wenn man aufgeregt ist, fällt es unter Umständen schon schwer, sich länger als ein paar Sekunden mit einem Gedanken oder einer Vorstellung zu beschäftigen, ohne dabei vom Thema abzukommen. Wenn man unruhig ist, kann man sich nicht so gut auf eine Sache konzentrieren. Mit der Hypnoseinduktion durch Körperentspannung, erreicht man gleich auch die nötige Ruhe, die dann das Fokussieren der Aufmerksamkeit erleichtert. Selbstverständlich kann man Hypnose auch mit unruhigen Personen durchführen, aber das artet dann auch für den Hypnotiseur in Stress aus. Man muss dann das Tempo des geistig hyperaktiven Klienten mitgehen. Ist der Klient aber entspannt, dann kann man auch als Hypnotiseur etwas mehr Ruhe einkehren lassen. Man hat dann hier und da ein paar Sekunden mehr Zeit zum Nachdenken.

Eine längere Aufmerksamkeit und weniger Ablenkung bedeutet auch, dass es für den Klienten weniger Gelegenheiten gibt, um auf dumme Gedanken zu kommen. Der Klient kann sich besser auf das Einüben von zielführenden Verhaltensweisen konzentrieren ohne dass der Kritische Verstand mit wenig hilfreichen Einwänden dazwischen funkt.

Und natürlich geht tiefe Entspannung auch immer mit einer gewissen friedlichen Stimmung einher. Sie kennen das ja vermutlich selber: wenn man vor sich hin döst, dann ist man geneigt, zu allem Ja und Amen zu sagen. Man könnte zwar Widerstand leisten, aber dazu müsste man erst mal richtig wach werden. Und wenn man gerade so schön entspannt ist, dann ist es einem das oft einfach nicht wert. Wenn man dann einen Ausweg angeboten bekommt, bei dem man diesen angenehmen entspannten Zustand beibehalten kann, indem man z.B. im Halbschlaf ein paar einfache Gedankenexperimente durchspielt, dann nimmt man das gerne an. Und diese Gedankenspiele helfen ja durchaus noch, dieser entspannten Tagträumerei weiter nachzugehen. Man muss ja keine komplizierten Denksportaufgaben lösen, sondern ganz einfachen Anweisungen folgen. Das ist dann nicht wie Arbeit, sondern eher so wie bei einem Kind, dem man eine Geschichte erzählt. Es schließt die Augen und erlebt die Geschichte ganz einfach mit. Und Eltern wissen: Ehe das Kind beim Märchenerzählen die Augen nicht geschlossen hat und die Atmung etwas ruhiger geworden ist, muss man immer damit rechnen, mit Fragen konfrontiert zu werden, auf die man keine Antwort weiss.

Entspannung ist also einfach zu erreichen und die Erfolge lassen sich auch an deutlich erkennbaren körperlichen Anzeichen überprüfen. Entspannung hilft ausserdem bei Angst und bei Stress und man hat auf die Art gleich Abhilfe für zwei häufige psychische Probleme bereit. Und in diesem entspannten Zustand ist die Aufmerksamkeitsspanne länger und der Kritische Faktor weniger aktiv. Das erleichtert dem Therapeuten die Arbeit ungemein. Es gibt also genügend vernünftige Gründe, warum die Entspannungshypnose in der Hypnosetherapie so beliebt ist.

Aber der wichtigste Grund ist wahrscheinlich auch der einfachste: Es ist einfach extrem angenehm. Es gibt wohl kaum eine andere Therapieform die einfach so angenehm ist. Man braucht nichts zu tun. Man kann einfach ganz entspannt da sitzen, und Tagträumen, während der Hypnotiseur einem etwas erzählt.

HYPNOSE BEENDEN

Es gibt eine Sache, die Sie bei der Hypnose nie vergessen sollten, und deshalb widme ich dem auch ein eigenes kleines Kapitel: Wenn Sie die Hypnose beenden, dann stellen Sie sicher, dass Sie alle Suggestionen, von denen Sie nicht wollen, dass sie weiter wirken, auch tatsächlich wieder zurücknehmen. Das gilt natürlich für alle Effekte, die man nur suggeriert hat, um die Möglichkeiten der Hypnose zu demonstrieren, aber natürlich auch für die tiefe Entspannung. Sie wollen, dass die Menschen leicht, beschwingt und energiegeladen durch den restlichen Tag gehen, und nicht mit schweren Armen und Beinen.

Es gibt bestimmte Standardprozeduren zum Beenden der Hypnose, die sehr gerne in immer gleicher Form heruntergebetet werden. Sehr häufig ist das mit einem kurzen Countdown verbunden.

„Ich zähle von 3 bis 1. Bei 1 sind Sie wieder hellwach und fühlen sich fantastisch. 3. Sie bewegen sich leicht und Ihr Kreislauf und Ihre Atmung gehen wieder auf den normalen Wert. 2. Sie öffnen die Augen, und orientieren sich im Raum und dabei räkeln Sie sich und strecken Ihre Musklen. 1. Sie sind hellwach und fühlen sich frisch und einfach fantastisch. Und Sie sind schon ganz gespannt, was die nächsten Tage an

Überraschungen für Sie bereit halten."

Natürlich passen Sie diese Aufwachprozedur an den Rest der Trancearbeit an. Wenn sie keine formelle Induktion angewendet haben, und die ganze Zeit eher verdeckt gearbeitet haben, dann gestalten Sie das Ende natürlich entsprechend.

SELBSTHYPNOSE

So eine Entspannungsübung ist sehr gut geeignet, um die allerersten Erfahrungen mit Hypnose zu sammeln. Fangen sie am besten erst einmal mit Selbsthypnose an. Selbsthypnose ist in mancherlei Hinsicht einfacher als Hypnose mit einer anderen Person. Wenn man eine andere Person hypnotisiert, dann weiss man oft nicht mit Sicherheit, ob das, was man tut, auch funktioniert. Man kann die Reaktionen auf das, was man sagt, halt nur von außen wahrnehmen. Wenn man Selbsthypnose betreibt, dann merkt man natürlich sofort, ob das, was man macht, funktioniert. Man bekommt also sehr schnell Feedback, und schnelles Feedback ist extrem wichtig für Lernprozesse.

Selbsthypnose ist in anderer Hinsicht aber auch schwieriger als Fremdhypnose. Wenn man von einer anderen Person hypnotisiert wird, dann braucht man sich dabei nicht anzustrengen. Man hört einfach zu, was einem die andere Person erzählt. Dabei laufen dann ganz natürlich und völlig ohne Anstrengung Typ 1 Denkprozesse ab. Man hört eine Beschreibung von einer Szenerie am Strand, wie angenehm die Temperatur ist, das Rauschen des Meeres und andere Geräusche. Wenn man so eine Beschreibung hört, dann kann man kaum umhin, sich diese Szene lebhaft vorzustellen. Man muss bewusst nichts dafür tun.

Bei der Selbsthypnose muss man die ganze Arbeit, die sonst der Hypnotiseur für einen erledigt, selber machen. Dazu kommt, dass bestimmte Techniken einfach wesentlich besser funktionieren, wenn man nicht weiss, warum das jetzt gemacht wird. Schmerzen kann man z.B. viel einfacher bekämpfen, wenn man von ihnen ablenkt. Wenn man z.B. Schmerzen durch ein Gefühl von Kälte und Taubheit bekämpfen will, dann bietet es sich an erst mal eine Entspannungsinduktion mit einer Szene am Strand zu machen und dann die Person ins ziemlich frische Wasser schwimmen zu schicken, ohne dabei vorher zu erwähnen, dass es dabei schon um die Schmerzbekämpfung geht. Da schreitet sonst nämlich der Kritische Verstand ein und sagt: „Einfach dadurch, dass ich mir lebhaft vorstelle, die Körperstelle wird kalt und taub, soll der Schmerz besser werden? Das kann doch nicht funktionieren!"

Wenn man erst nach dieser Übung fragt, was die Schmerzen jetzt machen, dann stellen die meisten Klienten überrascht fest, dass das wirklich geholfen hat. Das funktioniert so in der Selbsthypnose natürlich nicht. Man weiss halt was man vorhat und kann sich nicht auf diese Art und Weise überraschen.

Das ist aber bei der Entspannungsübung auch gar nicht wichtig. Setzen Sie sich einfach bequem hin. Schlagen Sie dabei nicht die Beine übereinander. Wenn man in eine Entspannungstrance geht, merkt man nämlich erst recht spät, wenn einem das Bein einschläft, und das ist dann ziemlich unangenehm.

Dann nehmen Sie bitte ganz bewusst ein paar Einzelheiten aus Ihrer Umgebung wahr. Da gibt es Dinge, die Sie sehen und hören und spüren. Sprechen

Sie laut (Sie wollen ja Hypnose üben) und sagen Sie z.B.: „Ich sehe die grünen Blätter der Bäume vor dem Fenster und höre das Ticken der Uhr und spüre die Rückenlehne an meinem Rücken. Und ich höre ein Auto in der Ferne vorbeifahren und ich spüre einen leichten Luftzug. Und ich spüre wie meine Atmung etwas ruhiger wird."

Dann gehen Sie einfach alle möglichen Muskeln durch, die Sie entspannen können. Ob Sie von oben nach unten alle Muskeln durchgehen, oder ob Sie das in einer beliebigen anderen Reihenfolge machen wollen, ist Geschmacksache. Von oben nach unten einfach alles abzuhaken ist am einfachsten und man vergisst nichts. Sie können also mit der Stirn und den Augenbrauen und den Augenliedern anfangen und sich dann über Gesicht und Nacken zu den Schultern hinunter arbeiten. Dann kommt entweder zunächst der Torso oder die Arme und Hände bis in die Fingerspitzen. Bei den Gesichtsmuskeln stellen Sie sich vor wie glatt und entspannt sie sind. Bei den Muskeln im Körper stellen Sie sich vor, wie sie warm und schwer werden.

Und kommen Sie regelmäßig auf die Atmung zurück. Die eigene Atmung wahrzunehmen und zu spüren, wie sie zugleich ruhiger aber auch kräftiger wird, kommt immer gut. Das machen Sie einfach so lange, wie sie Lust haben. Sie können dann im Anschluss auch die Szenerie wechseln. Versetzen Sie sich an einen anderen Ort und beschreiben Sie alle möglichen Sinneswahrnehmungen. Im Zusammenhang mit Entspannung sind der Strand oder die Blumenwiese immer sehr beliebt.

Seien Sie dabei experimentierfreudig. Bei der Selbsthypnose laut zu sprechen, ist natürlich sehr sinnvoll, wenn sie Hypnose üben wollen. Wenn Sie dann mit jemand anderem die Entspannungshypnose machen wollen, dann machen Sie genau das gleiche, was Sie bei der Selbsthypnose machen. Der einzige Unterschied ist dann, dass sie auf die andere Person achten, und ein Auge darauf haben, wie sie auf das, was Sie sagen, reagiert. Aber Sie werden auch merken, dass das laute Aussprechen der Suggestionen auch einen Einfluss darauf hat, wie die Selbsthypnose auf Sie selbst wirkt. Natürlich wollen sie die Selbsthypnose gelegentlich auch ohne lautes Aussprechen durchführen. Gerade wenn man nicht allein ist, wirkt es etwas merkwürdig, wenn man Selbstgespräche führt. Probieren Sie auch verschiedene Körperhaltungen durch. Auf einem Stuhl zu Sitzen hat den Vorteil, dass Sie ihren ganzen Körper entspannen können, aber nicht so leicht einschlafen, wie das im Liegen passiert. Wobei natürlich nichts dagegen einzuwenden ist, beim Schlafengehen den Tag mit Selbsthypnose ausklingen zu lassen und direkt von der Fantasiereise in einen erholsamen Schlaf zu gleiten.

Aber beschränken Sie sich bei der Selbsthypnose nicht auf bestimmte Orte oder Sitzpositionen. Sie werden merken, dass Sie mit eine wenig Übung diesen angenehm entspannten Zustand schon nach wenigen Sekunden erreichen können. Das geht dann auch im Stehen oder auch beim Gehen sehr gut, und Sie brauchen dabei auch die Augen nicht mehr zu schließen.

Ich habe mich früher auch ganz gerne ein bisschen geärgert, wenn es an der Kasse im Supermarkt mal wieder nicht weiterging. Sich ein wenig zu ärgern kann manchmal ganz hilfreich sein, wenn man diesen Ärger sinnvoll kanalisieren kann. Aber durch Ärgern ist noch keine Schlange an der Kasse kürzer geworden. Das ist eine von den Situationen, wo Ärgern nicht weiter hilft. Also lässt man das dann am besten. Ich bin dann dazu übergegangen, mich durch Selbsthypnose abzulenken. Mit nur ein wenig Übung kriegt man von den Verzögerungen in der Warteschlange überhaupt nichts mehr mit. Nach einer Weile geht man dann ganz von selbst in eine entspannte Trance, sobald man sich irgendwo anstellt. Man muss dann nicht einmal mehr bewusst Selbsthypnose ausüben.

DIE RICHTIGE EINSTELLUNG

Ich habe bereits erwähnt, dass wir mit der Hypnose eher darauf abzielen Stimmungen und Emotionen zu verändern, anstatt durch Argumente zu überzeugen. Ehe wir uns aber mit Emotionen im Allgemeinen beschäftigen, möchte ich erst über die innere Einstellung sprechen, die Sie haben sollten, wenn Sie Hypnose betreiben wollen. Denn diese Einstellung hat einen entscheidenden Einfluss darauf, wie sie mit Emotionen umgehen, seien es die Emotionen Ihres Gegenübers oder Ihre eigenen.

Hypnosetechniken werden leider oft auch mit dem Ziel eingesetzt, Menschen über's Ohr zu hauen. Bei Verkaufsgesprächen am Telefon wird es tunlichst vermieden, Wörter wie „kaufen" oder „bezahlen" zu verwenden. Denn das sind Begriffe, die sehr schnell zu der entsprechenden Gegenreaktion führen: „Nein Danke, wir kaufen nichts." Stattdessen wird behauptet, es gehe um ein Informationsgespräch oder eine Umfrage. Beim Informationsgespräch wird das Opfer voll gequasselt und in regelmäßigen Abständen um Zustimmung gebeten. Bei der Umfrage wird man mit Fragen konfrontiert, die alle auf Zustimmung abzielen.

Anders als bei der ordentlichen Argumentation, so wie wir sie in der Schule gelernt haben, wird nicht erst gesagt, worum es geht und dann argumentiert. Es heisst nicht „Kaufen Sie unser supertolles Produkt, weil…", sondern man soll positiv gestimmt werden, so oft zustimmen, bis man vergisst, im entscheidenden Moment auf Ablehnung umzuschalten. Erst dann wird man irgendwann, fast beiläufig gebeten, das Angebot anzunehmen.

Wenn Sie ein Telefon haben oder gelegentlich mal aus dem Haus gehen, haben Sie solche Gespräche sicherlich schon einige male miterlebt. Das macht man dann ein paarmal mit. Vielleicht fällt man sogar mal darauf rein. Es kann sogar ab und zu auch ein wirklich gutes Angebot dabei sein. Aber irgendwann blockt man solche Gespräche einfach ab. Dabei sind diese Verkaufsgespräche oft wirklich professionell gemacht, technisch perfekt und die Verkäufer scheinen tatsächlich überzeugt davon zu sein, dass sie einem ein gutes Angebot machen. Das ganze hat dann nur einen Haken: Ich will es nicht. Es ist nicht in meinem Interesse.

Und das ist der entscheidende Punkt. Diese Hypnotiseure handeln ausschließlich in ihrem eigenen Interesse und nicht im Interesse ihres Gegenübers. Und so blöd sind die Leute nicht. Die meisten Menschen fallen nicht ständig darauf rein. Da wacht der Kritische Verstand auf und setzt zur Gegenwehr an. Und das ist auch gut so.

Also: Versuchen Sie nicht, andere Menschen zu manipulieren um Ihre eigenen Interessen durchzudrücken. Auf Dauer geht das nicht gut. Das mag vielleicht hier und da klappen, und mit Telefon und Internet kann man das mit Leuten machen, denen man nie wieder über den Weg läuft. Aber damit macht man sich keine Freunde und baut auch keine dauerhaften Geschäftsbeziehungen auf.

Also: lassen Sie das.

Das heisst natürlich nicht, dass Sie nicht auch davon profitieren dürfen. Aber tun Sie das nicht auf Kosten anderer. Und das sage ich nicht einmal mit erhobenem moralischen Zeigefinger. Mit Geld oder anderen Druckmitteln kann man auch dann noch Einfluss ausüben und sich Vorteile verschaffen, wenn einen die Leute für den allerletzten Arsch halten. Mit Hypnose geht das dann nicht mehr. Wenn Sie Ihre Vertrauenswürdigkeit verspielt haben, dann war es das. Deshalb sollten Sie immer eine Win-Win-Situation anstreben. Und wenn Sie es können, dann tun Sie auch einfach mal so etwas Gutes für andere — auf Dauer rechnet sich das.

Sehen Sie Hypnose immer als ein Werkzeug, mit dem Sie anderen Menschen helfen können, herauszufinden, wozu sie selbst in der Lage sind, wenn sie sich dabei nicht selbst im Weg stehen.

Als Hypnotiseur will man andere Menschen in einen Zustand versetzen, in dem sie offen für neue Ideen sind, ohne sich durch Binsenweisheiten, klug klingende Gegenargumente und nutzlose Ängste davon abhalten zu lassen, neue Verhaltensmuster auszuprobieren und dazu zu lernen. Meistens geht es darum, zu lernen, mit anderen Gefühlen und Einstellungen als bisher auf bestimmte Situationen zu reagieren. Sich einen kühlen Kopf zu bewahren statt aus der Haut zu fahre, oder gelassen zu bleiben statt in Panik zu geraten. Der Kritische Verstand kann zwar erkennen, dass bestimmte emotionale Reaktionen unangemessen sind, aber damit ist es nicht getan.

Leute mit Phobien wissen z.B. ganz genau, dass ihre Ängste unbegründet sind. Das gehört sogar zur Definition der Diagnose „Phobie" dazu. Wenn der Betroffene tatsächlich glaubt, einer Gefahr ausgesetzt zu sein, dann hat er keine Phobie. Der Kritische Verstand hilft hier nur, insofern der Betroffene zu der Einsicht gelangt, dass die Angst nutzlos ist, beseitigt werden sollte und er dazu Hilfe braucht. Darüber hinaus kann der Kritische Verstand nicht viel tun, und kann deshalb weitgehend aus der Veränderungsarbeit rausgehalten werden, denn da stört er oft nur.
Sie umgehen den Kritischen Verstand also nicht, um Menschen zu manipulieren. Menschen sind so viel mehr als ihr Kritischer Verstand. Und diesen ganzen Menschen wollen Sie erreichen. Sie wollen ihm Helfen, mit seinen Gefühlen, Wahrnehmungen, inneren Bildern, Fantasien und Wünschen besser klarzukommen. Wenn Sie den Kritischen Verstand ihres Gegenübers umgehen, um ihrem Mitmenschen dazu zu verhelfen, schnell und einfach seine Probleme zu lösen, dann wird das auch nicht als Manipulation empfunden.

Auch wenn Hypnose als Psychotherapie auf den ersten Blick genau den entgegengesetzten Ansatz zu verfolgen scheint wie die Klientenzentrierte Gesprächstherapie, empfiehlt sich doch die gleiche Grundeinstellung: Wertschätzung, Empathie und Kongruenz.

Wertschätzung: Sie müssen mit ihrem Gegenüber nicht einer Meinung sein. Sie müssen auch nicht gutheissen, was er tut oder getan hat. Aber Sie müssen ihn als Menschen, mit all seinen Stärken und Schwächen, wertschätzen. Oder mit Kant: Behandeln Sie den Menschen immer als Zweck und nicht nur als Mittel.

Empathie: Einfühlungsvermögen ist wichtig. Um sich in einen anderen Menschen einzufühlen, ist es notwendig, hinzuschauen und zuzuhören. Hinschauen muss man als Hypnotiseur immer. Das ist auch einer der Gründe dafür, dass Hypnoseskripte als Arbeitshilfe während der Hypnose nichts taugen: Man liest den Text ab, und merkt gar nicht, was in der anderen Person vor sich geht. Die sitzt vielleicht da, mit gerunzelter Stirn, weil sie in Gedanken in einer Problemsituation ist, und Sie lesen unbekümmert vor, wie schön es doch sei, die wunderbare Entspannung zu genießen. Man braucht gar nicht mal viel Übung und man muss auch nicht jedes kleine Muskelzucken deuten. Man muss einfach nur die Augen offenhalten und hinschauen. Also: Weg mit den Hypnoseskripten. Die kann man sich anschauen, um neue Ideen zu sammeln, sein Repertoire an Formulierungen und Beschreibungen zu vergrößern und zu schauen, was die Kollegen so machen.
Hypnotiseure benutzen Hypnoseskripte, weil sie

denken, es käme darauf an, in kunstvoll gewobenen Wortgespinsten jeweils genau das einzig richtige Wort an die richtige Stelle zu setzen. Es gibt aber nicht das Hypnoseskript, das für jeden Menschen, zu jedem Zeitpunkt und in jeder Situation genau das richtige ist. Es kommt auch wirklich nicht auf jedes Wort an. Und wenn man hinschaut, dann merkt man auch, wenn man mal wirklich daneben liegt. Das macht aber nichts, man kann das wieder ausbügeln.

Also nochmal: Weg mit den Hypnoseskripten.

Zuhören kann man natürlich nur, wenn man gelegentlich mal die Klappe hält. Traditionell ist es der Hypnotiseur, der die ganze Zeit redet, während die Personen in Hypnose still da sitzen oder liegen, und den Eindruck machen, als wären sie im Halbschlaf. Das muss aber nicht sein. Wenn Sie Informationen benötigen — fragen Sie. Wenn Sie sich unsicher sind, was in dem anderen vorgeht — fragen Sie. Wenn Sie keine Angst haben, Fragen zu Stellen, dann wird Ihnen das auch nicht als Zeichen von Unsicherheit ausgelegt.

Kongruenz bedeutet Übereinstimmung oder Deckungsgleichheit. Sie kennen den Spruch: „Seien Sie Sie selbst!" Der Spruch gilt natürlich auch anders herum. Man selbst zu sein bedeutet nicht, dass man ohne Rücksicht auf seine Umwelt einfach das tut, was einem gerade in den Sinn kommt. Man muss sich anpassen, reagieren. Es reicht dabei aber auf Dauer nicht, dass man lediglich sein nach außen gezeigtes Verhalten ändert, eine Maske trägt. Man selbst zu Sein bedeutet nicht nur, dass man sagt, was man meint, sondern auch, dass man meint, was man sagt.

Es reicht nicht, ihrem Gesprächspartner Empathie und Wertschätzung einfach nur vorzuspielen. Der merkt das. Sie müssen das wirklich empfinden.

Die gute Nachricht ist: Wenn Sie sich so verhalten, als würden Sie Empathie und Wertschätzung empfinden, dann hilft Ihnen das auch dabei, das nach kurzer Zeit wirklich so zu empfinden — wenn Sie sich nicht selbst hypnotisieren, indem sie ständig denken: „Ich spiele das nur, ich mach dem nur was vor."

Aber auch die nettesten und empathischten unter uns haben Tage, an denen uns die Menschheit mal kreuzweise kann. An solchen Tagen haben wir dann manchmal Schwierigkeiten, uns überhaupt in die Rolle hineinzufinden.

Sie müssen dann ganz gezielt Ihre Stimmung verändern. Sie machen wieder Selbsthypnose, diesmal jedoch nicht mit dem Ziel, entspannt zu sein. Sie wollen ein Gefühl der Empathie und Wertschätzung abrufen.

Das hört sich schwerer an, als es ist. Aber überlegen Sie einmal: wenn Sie mit jemandem zusammen sind, den Sie sehr mögen, und mit dem Sie auf der gleichen Wellenlänge sind, dann machen Sie das ganz von selbst, ohne es überhaupt zu merken. Sie wissen also wie Sie diesen Bewusstseinszustand erreichen, auch wenn es Ihnen nicht bewusst ist. Denken Sie einfach mal an jemanden, den Sie wirklich gern haben. Das kann auch ein Haustier sein, sollte aber eher ein guter Freund sein, und nicht unbedingt mit romantischer Liebe verbunden sein. Und jetzt überlegen Sie, wann Sie mit dieser Person so ganz auf einer Wellenlänge waren. So ein besonderer Moment. Wann war das, und wo waren Sie da? Und Sie sehen diese Person an, nehmen sie wirklich wahr. Und spüren diese tiefe Zuneigung. Wo spüren Sie diese Zuneigung? In der Brust? Oder vielleicht im Kopf? Vielleicht bemerken Sie jetzt ein Lächeln. Sie können nicht an diesen Moment denken, ohne das Gefühl, lächeln zu müssen. Und jetzt stellen Sie sich vor, Sie machen der anderen Person ein Geschenk, oder sagen ihr einfach genau das, was sie hören muss. Etwas, das sie bewegt und ihr gut tut. Geniessen Sie einfach dieses Gefühl, zu wissen, dass Sie anderen Menschen guttun können. Und das ist etwas worauf man stolz sein kann. Sie wissen wie sich das anfühlt, wenn Sie stolz sind. Man spricht nicht von Ungefähr von der stolzgeschwellten Brust. Und wenn Sie die stolzgeschwellte Brust spüren, dann bedeutet das automatisch, dass sich auch ihre Körperhaltung ändert. Stellen Sie sich vor, wie Sie aussehen, wenn Sie vielleicht etwas aufrechter stehen als sonst, mit breiten Schultern.

Haben Sie gemerkt, wie sich Ihre Atmung verändert hat? Falls nicht, dann gehen Sie den vorangegangenen Absatz noch einmal durch. Wenn Sie diese Denkprozesse nachvollziehen, dann bleibt es nicht aus, dass Ihre Atmung etwas ruhiger wird.

Wenn Sie diesen Abschnitt wirklich gelesen haben,

mitgemacht haben und versucht haben die Fragen zu beantworten, dann haben Sie sich in genau den Bewusstseinszustand versetzt, der ideal für die Hypnose ist. Üben Sie einfach, diesen Zustand schnell zu erreichen, und zu halten. Das können Sie für sich allein tun. Sie können das auch machen, während Sie beim Bäcker ein paar Sekunden warten während ein anderer Kund bedient wird. Wenn Sie das ein paar mal durchgespielt haben, dann brauchen Sie dafür nur zwei bis drei Atemzüge. Dieser Effekt ist subtil aber wirkungsvoll. Sie wollen Ihrem Gegenüber nicht mit Freudentränen um den Hals fallen und mit bebender Stimme „Ich hab Sie so lieb" flüstern. Sie verhalten sich selbstverständlich den sozialen Konventionen entsprechend und werden keineswegs distanzlos oder vertraulich. Es geht um die Grundeinstellung: Wertschätzung und Empathie und den Willen, seinem Gegenüber Gutes zu tun, wenn sich die Gelegenheit bietet. Wenn sich die Gelegenheit nicht bietet, ist das auch nicht tragisch.

Machen Sie das direkt zu Beginn einer sozialen Interaktion, während Sie Augenkontakt mit Ihrem Gegenüber haben. Die Änderung ihres Bewusstseinszustandes wird dadurch mit der beginnenden Interaktion assoziiert. Sie betreiben für einen kurzen Moment Selbsthypnose und gehen dabei auch in eine leichte Trance. Außerdem dauert dieser erste Augenkontakt dadurch automatisch eine Spur länger, als gewöhnlich. Damit fokussieren sie automatisch die Aufmerksamkeit — sowohl Ihre eigene, als auch die des Gesprächspartners. Das Ganze können Sie jederzeit während des Gesprächs wiederholen.

Üben Sie das einfach. Sie brauchen sonst nichts zu tun. Vermutlich werden Sie bemerken, dass Leute, die sonst vielleicht eher mürrisch oder genervt sind, nun etwas freundlicher gestimmt sind. Und selbst wenn dieser Effekt nicht kurzfristig eintritt, werden Sie auf jeden Fall merken, dass Sie selbst besser damit umgehen können, wenn Sie mit gereizten und unfreundlichen Menschen zu tun haben, und sich nicht so leicht runterziehen lassen.

Diese Grundeinstellung, dieser Bewusstseinszustand ist für die Hypnose von entscheidender Bedeutung. Das ist wichtiger als alle sprachlichen Kniffe und komplizierten Kunstgriffe. Und das Schöne ist, dass Sie das völlig problemlos üben können. Das größte Problem beim Erlernen der Hypnose ist es immer, Übungspartner zu finden. Wenn man nicht das Glück hat, mit einem Freund oder Partner gemeinsam eine Hypnoseausbildung gemacht zu haben, steht man meistens ohne Versuchspersonen da. Diese Wichtige Übung kann man aber fast immer und überall durchführen, ohne dass irgendjemand überhaupt auf die Idee käme, dass man sich gerade in einer der wichtigsten und grundlegendsten Hypnosetechniken übt. Das heisst man kann wirklich sorgenfrei üben, ohne sich oder anderen dabei etwas beweisen zu müssen.

Selbstverständlich ist Hypnose ohne diese positive

Grundeinstellung möglich. Natürlich kann man seine Mitmenschen als Opfer betrachten. Aber das ist dumm und kurzsichtig und rächt sich früher oder später. Selbst schuld.

VORMACHEN

Ein Bild sagt mehr als 1000 Worte. Und wenn man jemanden dazu bringen will, etwas bestimmtes zu tun, dann ist es viel einfacher,   das vorzumachen, als es umständlich zu erklären. Wenn Sie Selbsthypnose geübt haben, dann haben Sie die besten Vorraussetzungen, um auch andere Leute zu hypnotisieren.

Irgendwann hat man festgestellt, dass Personen, die sich partout nicht hypnotisieren liessen, ganz einfach in Trance gingen, nachdem sie zugesehen hatten, wie andere Menschen erfolgreich hypnotisiert wurden. Showhypnotiseure haben manchmal einen Helfer dabei, der einfach viel Übung darin hat schnell und sicher in Trance zu gehen. Wenn sie mit dem zuerst arbeiten, wissen die nachfolgenden „echten" Versuchspersonen, was zu tun ist. Man kann schlecht erklären, wie man tanzt. Man muss es vormachen. Und genau so ist das auch bei Hypnose. Solange man den Helfer nicht als die Hauptattraktion verkauft, sondern lediglich benutzt um den eigentlichen Versuchspersonen zu einem tollen Erlebnis zu verhelfen, geht das völlig in Ordnung.
Nun hat man natürlich nicht immer einen Helfer dabei. Aber man kann bestimmte Dinge selbst vormachen.
Wenn Sie sich, wie im vorangegangenen Kapitel beschrieben, vorstellen, wie sie einer Person, die sie sehr mögen und schätzen, etwas gutes tun, um die

positive Grundeinstellung in sich wachzurufen, dann gehen sie dabei automatisch in eine leichte Trance. Sie konzentrieren Ihre Aufmerksamkeit auf die Inneren Bilder und Empfindungen. Ihr Kritischer Verstand hat dabei keinen Angriffspunkt und bleibt aussen vor. Vermutlich verändert sich dabei bereits ihre Atmung und Ihre Körperhaltung ein wenig, weil sich einige Muskeln entspannen und andere vielleicht auch etwas anspannen. Wenn Sie sich darauf konzentrieren, diesen Zustand, aufrechtzuerhalten, während Sie mit dem Hypnosegespräch beginnen, dann halten Sie auch diesen Trancezustand aufrecht, und vertiefen ihn sogar noch. Das ist Ideal. Sie selbst sind hochkonzentriert und gleichzeitig entspannt. Sie richten nun ihre Aufmerksamkeit auf Ihr Gegenüber und erklären ihm einfach, wie er selbst diesen Zustand erreichen kann und was er dabei empfinden und wahrnehmen kann. Sie müssen dazu keinen Text auswendig lernen. Der einfachste Weg ist, den Prozess einfach selbst durchzuspielen und dabei zu erklären, was vor sich geht und was man dabei empfinden kann. Sie machen es vor. Man kommt dann sehr schnell an den Punkt, wo man nicht mehr vorangehen kann. Man sollte als Hypnotiseur die Augen offen halten und auch nicht so tief in eine Entspannungstrance gehen, dass das Sprechvermögen eingeschränkt ist. Schließlich ist man derjenige, der den Prozess unter Kontrolle hält und dafür sorgt, dass der Andere nicht einfach nur tagträumt, sondern einen Nutzen davon hat. Aber man vollzieht das, was man mit seinem Partner macht, bis zu einem gewissen Grad immer mit.

Das machen wir auch ganz automatisch, wenn wir eine

Geschichte erzählen. Wir denken nur in Ausnahmefällen darüber nach, welche Wörter wir benutzen oder wie wir einen Satz formulieren sollen. Wir erleben in unserer Vorstellung die Geschichte mit und erzählen das einfach nach. Das ist nicht nur viel einfacher, als den Text einer Geschichte auswendig zu lernen. Sie erzählen die Geschichte auch automatisch viel lebendiger, weil Sie sie miterleben und nicht einfach einen Text runterleiern.

Wenn wir in unseren Mitmenschen bestimmte Gefühle und Stimmungen wachrufen wollen, dann läuft das auch meistens so ab, dass wir selbst in dieser Stimmung sind, und die Anderen mitreissen. Wir sind fröhlich und muntern die anderen auf. Wir sind wütend und bringen die anderen auch auf die Palme. Wir sind gefrustet und verderben den anderen auch den Spaß. Das ist der Normalfall, zwar nicht immer positiv, aber nicht alarmierend. Wenn die Gefühle auseinander driften, ist da oft was faul. Oft ist es dann entweder ein dummes Missverständnis, das dann dringend geklärt werden muss, oder es ist mit Vorsatz geschehen.

Wir beeinflussen ständig die Gefühle unserer Mitmenschen, aber wenn das nicht im Gleichklang geschieht, dann neigen wir dazu, das als Ausnahmesituation zu betrachten, die besonders behandelt werden muss und immer ein wenig nach Manipulation riecht. Und das provoziert Widerstand. Wenn Sie nun die Gefühlslage eines anderen Menschen ändern wollen, dann machen Sie am besten die gleiche Veränderung durch, die sie bewirken wollen. Auch das machen wir oft instinktiv richtig, ohne darüber nachzudenken. Wenn jemand traurig ist, dann fühlen

wir erst mit ihm und muntern ihn dann behutsam auf.
Wenn da jemand sitzt und weint, dann hat es wenig
Sinn, freudestrahlend zu erzählen, wie schön doch die
Welt ist. Das weiss man einfach und verhält sich
meistens auch entsprechend. Oft genug macht man aber
trotzdem genau diesen Fehler. Oder haben sie schon
einmal erlebt, dass „Stell dich doch nicht so an. Das ist
doch alles nicht so schlimm." tatsächlich geholfen hat?

Oft läuft es aber auch gerade anders herum. Man fühlt
zu sehr mit dem Anderen mit und schafft es dann selber
nicht mehr, den Weg aus dem Sumpf der negativen
Emotionen zu finden. Und damit hilft man dem anderen
nicht im geringsten.

Sie merken: für den Hypnotiseur ist es extrem wichtig,
seine eigenen Emotionen im Griff zu haben. Denn
wenn man seine eigenen Gefühle nicht unter Kontrolle
hat, wie will man dann anderen Menschen vormachen,
wie das geht?

Ehe man Kontrolle ausüben kann, muss man natürlich
wissen, wie der aktuelle Stand der Dinge ist und
welchen Zielzustand man anstrebt.

EMOTIONEN UND EMPFINDUNGEN

Wenn man mit Emotionen arbeiten will — egal ob fremder Leute Emotionen oder den eigenen, dann muss man sich erst einmal über die Emotionen im Klaren sein.

Im Grunde genommen läuft es immer darauf hinaus, dass man stark vereinfacht sagen könnte: „Ich bin unglücklich und möchte stattdessen lieber glücklich sein". Aber wenn man diese Veränderung vollziehen möchte, dann muss man sich doch etwas näher mit den Details beschäftigen. Wir sind nicht nur aus den unterschiedlichsten Gründen und auf die unterschiedlichsten Arten und Weisen unglücklich. Auch was es bedeutet glücklich zu sein, ist von Mensch zu Mensch verschieden und hängt zudem auch noch von der Situation ab. Dinge, die uns im Arbeitsalltag in gute Laune versetzen, würden wir im Urlaub vermutlich als Zumutung empfinden.

Wenn man sich etwas näher mit Gefühlen beschäftigt, ist es hilfreich, sich zu vergegenwärtigen, dass Emotionen aus zwei Komponenten bestehen, die man einzeln in Angriff nehmen kann. Emotionen bestehen immer aus körperlichen Empfindungen und einem Etikett, mit dem man diese Empfindungen einordnet und bewertet.

Das wird deutlich, wenn man Leute in einer Achterbahn

betrachtet. Die allermeisten Fahrgäste haben einen deutlich erhöhten Puls, die Atmung geht flach und stoßweise, Schweiss fließt, der Magen fühlt sich flau an, die Knie sind weich. Aber: während einige Passagiere Angst haben und die ganze Angelegenheit ganz fürchterlich finden und man sich fragt, warum sie sich das trotzdem antun, lachen andere. Sie haben die gleichen körperlichen Symptome, aber sie empfinden das nicht als Angst sondern als Nervenkitzel.

Ersetzen Sie in der Liste der Angstsymptome „der Magen fühlt sich flau an" durch „man hat Schmetterlinge im Bauch". Denken Sie bei dieser nur ganz leicht abgewandelten Symptombeschreibung noch an Angst?

Wir sehen also, dass das Etikett, mit dem wir die körperlichen Empfindungen versehen, einen großen Einfluss darauf hat, wie wir diese Empfindungen dann wahrnehmen.

Kreislaufbeschwerden können übrigens ganz ähnliche körperliche Symptome hervorrufen wie Angst. Das kann dann tatsächlich zu Angststörungen führen. Man ist unterwegs — Einkaufen. Die Luft im Kaufhaus ist verbraucht, es ist zu warm. Man ist gestresst. Der Kreislauf geht in die Knie. Man weiss nicht, was los ist, kann das nicht richtig einordnen und denkt man bekäme eine Panikattacke. Und so wird dann aus den Kreislaufproblemen tatsächlich eine Panikattacke. Das kann sich dann verselbstständigen. Wenn man wieder einkaufen geht, erinnert man sich an die Panikattacke, denkt daran, wie schrecklich das war und kriegt prompt die nächste.

Wenn man viel Fantasie hat (und die meisten Menschen

haben mehr Fantasie als sie glauben), fängt man dann an, Geschichten zu erfinden, die erklären, warum man jetzt gerade eine Panikattacke bekommt. Dabei erhält man ganz nebenbei prima Anregungen für weitere interessante Situationen, in denen so eine Panikattacke auch ganz schrecklich wäre.

Wenn wir uns mit unseren Emotionen beschäftigen, dann lenken wir unsere Aufmerksamkeit meistens auf Geschichten und soziale Normen, die wir mit dem Etikett verbinden: „Ich kann das nicht ab, wenn andere Leute Witze über mich machen. Ich bin in der Schule oft gepiesackt worden, und deshalb habe ich kein Selbstvertrauen. Aber man muss doch ein bisschen Humor zeigen, sonst wird man nie akzeptiert…" Wir stecken unsere Empfindungen in eine Schublade, denken damit sei die Sache klar und eindeutig. Wir bauen ein Stützkorsett aus Begründungen und Erklärungen für die Emotion.
Begründungen und Erklärungen sind die Spielwiese des Kritischen Verstandes. Den wollen wir umgehen, wenn wir mit Hypnose an die Sache herangehen, und zwar möglichst weiträumig. Also setzen wir bei den körperlichen Wahrnehmungen an.
Das ist genau das, was wir bei den Entspannungsübungen gemacht haben. Die Aufmerksamkeit wird auf Körperempfindungen gerichtet. Man ist dann voll und ganz damit beschäftigt, diese Empfindungen in einer Vielzahl von unterschiedlichen Körperregionen wahrzunehmen und zu verändern. Wenn man damit auf Trab gehalten wird, dann kommt man gar nicht dazu sich zu überlegen, das

es ja so viele gute Gründe gäbe, warum man jetzt eigentlich angespannt sein sollte, und dass es ja wohl nicht so einfach sein kann, sich stattdessen einfach zu entspannen, denn das hätte man ja sonst schon längt getan.

Neben den Körperempfindungen können wir auch noch mit anderen Wahrnehmungen oder Erinnerungen, die mit den Emotionen zusammenhängen, arbeiten. Und auch unsere Körperhaltung und unsere Mimik spielen für die Emotionen eine wichtige Rolle.

Erinnern Sie sich an die Übung, mit der Sie die positive, wertschätzende Grundeinstellung zu Ihrem Gegenüber erreichen? Sie haben die Erinnerung an eine Situation wachgerufen, in der Sie genau diesen Zustand erreicht hatten. Sie haben an die entsprechende Person gedacht und sich vergegenwärtigt, wann und wo das war. Sie haben über diese Erinnerung die Emotion abgerufen. Musik und Gerüche sind auch bekannt dafür, Emotionen zum Leben zu erwecken, die wir irgendwann einmal mit ihnen assoziiert haben.

Nun haben auch negative Emotionen durchaus ihren Sinn. Genau so wie Angst und Schmerzen haben auch andere negative Emotionen den Sinn, uns darauf aufmerksam zu machen, dass irgend etwas nicht in Ordnung ist. Wenn wir uns ärgern, dann zeigt das an, das irgendjemand Grenzen übertreten hat, die wir für uns gezogen haben. Ein Freund piesackt einen zuerst nur ein wenig. Das ist noch ganz lustig, aber dann übertreibt er es. Er überschreitet die Grenze, und wir werden sauer.

Ärger ist die emotionale Abwehrreaktion, die darauf abzielt, diese Grenzen wieder herzustellen. Dagegen ist überhaupt nichts einzuwenden. Wenn man das denn tatsächlich zur Kenntnis nimmt und dann angemessen darauf reagiert, dann ist es wirklich sinnvoll, Ärger zu verspüren.

Das Problem ist nur, dass wir das oft nicht so machen. Wir nehmen oft zwar war, dass wir anfangen, uns zu ärgern, aber wir schieben das beiseite und versuchen weiterhin, gute Miene zum bösen Spiel zu machen. Während wir selbst unser bestes tun, unsere eigenen Gefühle zu ignorieren, erwarten wir gleichzeitig von unserem Gegenüber, dass er merkt, dass wir die Schnauze allmählich voll haben. Das geht solange, bis wir dann irgendwann mehr oder weniger deutlich ausrasten. Das geht bei manchen Leuten sehr schnell. Manch einer explodiert schon, weil er ganz sicher weiss, dass gleich jemand die Grenze überschreiten wird. Andere Menschen neigen dazu, sich den Ärger über Tage oder Wochen aufzusparen, damit sie dann auch ganz sicher genug Stoff haben, um ordentlich hochzugehen.

Das Problem ist dann nicht der Ärger, sondern dass wir ihn solange ignorieren bis wir an die Decke gehen. Stellen Sie sich all ihre Emotionen — auch die negativen — als gute Freunde vor, die Ihnen etwas wichtiges mitzuteilen haben. Versetzen Sie sich in ihre Lage:
Sie wollen einem Freund sagen, dass gerade etwas wirklich wichtiges vor sich geht, das ganz dringend seiner Aufmerksamkeit bedarf (denken Sie sich etwas

hinreichend dramatisches aus). Ihr Freund unterhält sich aber gerade angeregt mit jemand Anderem. Als höflicher Mensch wollen Sie ihn nicht direkt unterbrechen, also stellen Sie sich dazu und schauen Ihren Freund direkt an. Der ignoriert Sie aber. Sie setzen an zu sprechen, aber er schaut Sie nur böse aus den Augenwinkeln an und setzt sein belangloses Gespräch demonstrativ fort. Stellen Sie sich vor, wie die Geschichte weiter geht, wenn Ihr Freund hartnäckig vermeidet, Ihnen zuzuhören. Vermutlich werden Sie recht schnell an den Punkt kommen, wo Sie den Gesprächspartner Ihres Freundes beiseite stoßen, Ihren Freund am Revers packen, ihn schütteln und brüllen: „Hör mir jetzt endlich zu, Du Blödmann!"

So ergeht es Ihren Emotionen, wenn Sie sie mit Verachtung strafen. Niemand, der etwas wichtiges mitzuteilen hat, lässt sich gerne ignorieren. Natürlich reagieren Ihre Emotionen dann irgendwann recht heftig. Nun stellen Sie sich vor, Sie kommen zu Ihrem Freund und seinem Gesprächspartner. Er sieht Sie kommen und fragt: „Hallo, was gibt's". Sie antworten: „Da ist was ganz wichtiges…,, und berichten Ihm kurz und knapp von der dramatischen Situation. Ihr Freund sagt: „Oh weh. Danke für den Hinweis. Ich kümmere mich drum." Sie brauchen dann Ihren Freund nicht am Kragen zu schütteln und müssen auch nicht unflätig werden und ihn anschreien.

Emotionen sind Ihre Freunde. Behandeln Sie sie auch so.

Das heisst natürlich nicht, dass Ihre Emotionen immer Recht haben. Ihre Freunde sind ja auch nicht unfehlbar und irren sich von Zeit zu Zeit. Aber wenn Ihren Freunden mal ein Irrtum unterläuft, dann behandeln Sie sie ja trotzdem anständig.

Oben, am Beispiel der Panikattacke im Kaufhaus haben wir gesehen, wie Emotionen auf dem Holzweg sein können und uns damit ganz heftig Probleme machen. Die Betroffenen versuchen dann meistens entweder die Emotionen zu ignorieren oder zu unterdrücken. Das funktioniert nicht sonderlich gut. Meistens versucht man dabei die Probleme zu rationalisieren und nach Ursachen oder Schuldigen zu suchen. Das hilft in der Regel auch nicht weiter.

Man muss sich der Angst stellen. Man muss sich der Situation, die diese Angst auslöst, aussetzen und man muss die Angst dabei genau beobachten. Das ist ein wichtiges Element bei allen psychotherapeutischen Ansätzen, mit denen man Angststörungen erfolgreich behandeln kann. Und das gilt nicht nur für Angststörungen sondern für alle Emotionen, die irgendwie aus dem Ruder gelaufen sind.

Auch bei der Behandlung von Phobien mit Hypnose geht es darum, die Angst wahrzunehmen und sich ihr zu stellen. Aber da das in der Hypnosetherapie zunächst einmal „nur" im Kopf geschieht hat man hier ganz andere Möglichkeiten, die Herangehensweise zu gestalten. Vor allem kann man in der Hypnose ganz gezielt eine Dissoziation von der Angst oder von Teilaspekten des Angsterlebnisses ausnutzen. Der Klient kann sich z.B. in der Hypnose von außen auf einer Kinoleinwand selbst beobachten, wie er in dieser angstauslösenden Situation ist. Oder er kann die einzelnen körperlichen Symptome einer Panikattacke wahrnehmen, ohne dabei Furcht zu empfinden — wie die Leute, die Achterbahnfahren toll finden.

Kurzfristig kann es durchaus sinnvoll sein, negative Emotionen einfach auszuschalten, indem man sie mit Entspannungsübungen überdeckt. Es gibt Situationen, wo wir es uns einfach nicht erlauben können, auszurasten oder in Panik zu geraten. Aber das kann keine Dauerlösung sein.

Und wir wollen wirklich nicht über jede negative Emotion eine grundlose Euphorie drüber bügeln. Wir wollen keine Idioten mit blödem Dauergrinsen. Und für uns selbst wollen wir das schon erst recht nicht.

Auch wenn Sie die Gefühle zumindest vorerst noch nicht ändern wollen, sollten Sie die Körperempfindungen im Auge behalten. Sie werden dabei nicht selten feststellen, dass die Etiketten, mit denen Sie die Emotionen beschreiben, die Sache nicht so klar auf den Punkt bringen, wie Sie vielleicht mal gedacht haben. Stattdessen handelt es sich bei unseren Emotionen meistens um ein Gemenge von unterschiedlichen und oft scheinbar widersprüchlichen Regungen. Und diese Emotionen sind kein starres Konstrukt, wie das simple Etikett, das wir ihnen aufdrücken, nahelegt. Emotionen sind ein Denkprozess und keine feststehende Tatsache.

Wenn man über Ursachen und Änderungsmöglichkeiten für die Emotionen nachdenkt und dabei die Empfindungen weiter genau beobachtet, dann stellt man fest, dass sich diese Empfindungen dabei verändern. Meistens sind diese Veränderungen sehr subtil, und oft ist es sehr schwer, eine Beschreibung dafür zu finden. Sie brauchen diese Wahrnehmungen auch nicht tatsächlich in Worte zu fassen. Aber versuchen Sie es dennoch auf jeden Fall. Es kommt nicht auf die treffende Bezeichnung der Empfindungen an, sondern darauf, dass Sie sich mit ihnen Beschäftigen und vor allem auch die Feinheiten wahrnehmen, die Sie sonst einfach übersehen oder ignorieren würden. Und beobachten Sie, wie sich die Körperempfindungen bei dem Versuch, dem Kind einen Namen zu geben, verhalten.

Wenn wir Probleme mit unseren Gefühlen haben und rational damit umgehen wollen, neigen wir dazu, uns auf eine Geschichte, welche die Gefühle erklären soll, und auf eine mögliche Vorgehensweise zu versteifen und dabei völlig zu ignorieren, wie unsere Emotionen darauf reagieren. Wir stecken unsere Gefühle in eine Schublade, denken die Angelegenheit wäre nun klar und wir hätten die Lösung. Dabei ahnen wir insgeheim oft schon, dass dieser Lösungsansatz nicht das Gelbe vom Ei ist und vermutlich nicht funktionieren wird. Wenn Sie die Körperempfindungen im Auge behalten während Sie über die Lösung der Probleme nachdenken, dann stellen Sie einen Dialog zwischen dem Bewussten Verstand und verschiedenen unbewusst ablaufenden Denkprozessen her. Sie können so verhindern, dass sie gegeneinander ankämpfen. Das braucht ein klein wenig Übung. Und auch mit Übung braucht das oft seine Zeit. Aber das funktioniert wesentlich besser, als die Gefühle zu ignorieren oder dagegen anzukämpfen. Die Lösung, auf die Sie stoßen, wenn Sie auf die Denkprozesse achten, die sonst unbewusst geblieben wären, stellen oft einen Kompromiss zwischen unterschiedlichen Regungen her. So wie Sie auch im Umgang mit anderen Menschen immer eine Win-Win-Lösung anstreben sollten, so wollen Sie das auch für Ihre eigenen scheinbar widersprüchlichen Emotionen erreichen. Und denken Sie bei dem Wort „Kompromiss" bitte jetzt nicht, dass es sich dabei um eine halbherzige Lösung handelt. Diese Kompromisse sind im Ergebnis meistens wesentlich besser, als wenn wir hart gegen uns selbst sind und einen Teil unserer Emotionen einfach niederknüppeln. Und nicht selten lösen sich Probleme, die uns einmal als unüberwindbar erschienen, plötzlich in Wohlgefallen auf. Manchmal wissen wir gar nicht so genau, was wir nun eigentlich großartig anders machen. Aber plötzlich funktioniert es.

Also hier noch mal im Einzelnen, wie Sie mit Emotionen umgehen, und zwar sowohl bei sich selbst als auch bei anderen Menschen. Als Beispiel betrachten wir den Fall eines Menschen, der laut eigener Aussage unter Versagensängsten litt und deshalb Probleme dabei hat, sich dazu zu motivieren, an einem langwierigen und schwierigen Projekt zu arbeiten.

Erleben Sie die Emotionen. Wo spüren Sie die körperlichen Empfindungen? Versuchen sie die Empfindungen zu beschreiben. Das muss keine perfekte Beschreibung sein. Oft werden Sie nicht die richtigen Worte finden. Aber versuchen Sie es. Dann versuchen Sie ein passendes Etikett für die Emotion zu finden. Ist das wirklich nur ein Gefühl? Oder ist es ein Mischung aus mehreren Emotionen?

Sie können das einfach still für sich und rein in Gedanken machen. Sie können es aber auch aufschreiben. Das kann dann z.B. so aussehen:

> Also, ich sitze hier am Arbeitsplatz, ich habe ein leichtes Drücken im oberen Bauch. Meine Schultern sind leicht angespannt. Ich merke, dass mein Oberkörper leicht vor und zurück wippt, aber wirklich nur ganz leicht. Das Gefühl ist schwer zu beschreiben. Das Gefühl im Bauch ist eher wie Angst, das Gefühl in den Schultern ist eher so, als wollte ich zum Angriff übergehen. Das Wippen ist irgendwie so, als wollte ich in den Computermonitor reinkriechen und gleichzeitig vom Schreibtischstuhl aufspringen und weglaufen.

Wenn Sie die Körperempfindungen wahrnehmen, und sich Gedanken darüber machen, welche Etiketten da wohl passen könnten, und was sie sonst noch damit assoziieren, dann verändern sich die Empfindungen meistens schon. Registrieren Sie, was sich ändert. Bewerten Sie nicht, was da vor sich geht. Erinnern Sie sich an die Positive Wertschätzende Grundhaltung, die Sie Ihren Mitmenschen entgegen bringen sollten, wenn Sie auch nur daran denken Hypnosetechniken anzuwenden. Gehen Sie genau so mit sich selbst und ihren Emotionen um!

> Jetzt, wo ich drüber nachdenke merke ich, dass

sich im Gesicht was ändert. Das ist so eine komische Mischung aus Stirnrunzeln und Lächeln oder Grinsen. Wenn ich vor der Arbeit weglaufe, dann werde ich sauer auf mich, und wenn ich sauer werde, dann runzele ich auch oft die Stirn. Wenn ich mit den Ergebnissen meiner Arbeit wirklich zufrieden bin, dann grinse ich auch so, wie ich das gerade tue, nur noch wesentlich breiter. Die Mischung aus Stirnrunzeln und Grinsen ist irgendwie widersprüchlich, aber das passt doch zusammen: wenn ich mich vor der Arbeit drücke dann bin ich echt sauer auf mich selbst und werde echt unglücklich. Wenn die Arbeit gut läuft und ich gut vorwärts komme, dann bin ich echt glücklich, und total aufgekratzt. Ich merke, dass ich dieses gute Gefühl, dass ich mit der Arbeit verbinde wirklich haben will.

Und wieder können sich die Emotionen verändern. Behalten Sie sie einfach im Auge.

Ich merke, dass ich jetzt insgesamt etwas entspannter bin. Ich hatte vorher meine Schultern leicht hochgezogen. Meine Gesichtszüge haben sich auch gelöst. Aber wenn ich drüber nachdenke, welchen Arbeitsschritt ich jetzt als nächstes in Angriff nehmen will, dann merke ich wieder dieses Gefühl im Bauch und dieses Wippen mit der leichten Unruhe wieder. Das Gefühl im Bauch ist nicht mehr so stark aber das Wippen ist stärker geworden. Das scheint so eine Schleife sein, die ich durchlaufe, wenn ich bei der Arbeit mit neuen Aufgaben anfange. Erst diese leichte Agitation, die Mischung aus Fluchtreflex und Angriffbsereitschaft, und dann, während ich voll und ganz mit der Arbeit beschäftigt bin, dieses leicht aggressive Grinsen. Wenn ich dann mit einem Arbeitsabschnitt fertig bin oder ein Problem gelöst habe, dann entspanne ich mich ein wenig. Diese Anspannung, die ich zwischendurch habe, empfinde ich als ein klein bisschen unangenehm, aber das ist eigentlich halb so wild. Wenn ich nur halbwegs in den Workflow komme, dann wird das immer besser.

Schriftsteller schreiben oft neben den eigentlichen Texten, an denen sie gerade arbeiten, ausführlich über die Probleme, die sie gerade beim Schreiben haben, oder Ideen, die sie gerade im Kopf haben, die aber nicht in diesen Text passen. Die meisten Großen Denker der Geschichte, haben sich dadurch ausgezeichnet, dass sie sehr viel geschrieben haben, und zwar nicht nur mit dem Ziel der Veröffentlichung, sondern vielmehr für sich selbst. Das berühmteste Beispiel hierfür sind vermutlich die Aufzeichnungen von Leonardo DaVinci, in denen er all seine Beobachtungen und Ideen beschrieben hat. Sie haben Bilder von seinen Originalaufzeichnungen mit den vielen Skizzen bestimmt schon einmal in Zeitschriften oder Fernsehdokumentationen gesehen.

Auch wenn Sie nicht als Autor arbeiten oder anstreben

ein kreatives Universalgenie zu werden , ist es durchaus hilfreich, wenn Sie Ihre Gedanken über Ihre Beobachtungen schriftlich festhalten oder laut aussprechen. Wenn man seine Gedanken ausspricht oder aufschreibt dann werden die Gedanken dadurch weniger flüchtig und gewinnen mehr Stabilität. Sie sind nicht sofort wieder vergessen. Machen Sie mal folgendes Experiment:

Versetzen Sie sich in Gedanken in ein Zimmer in Ihrem Haus oder Ihrer Wohnung, das Sie gut kennen. Jetzt gehen Sie alle Details in diesem Zimmer Stück für Stück durch. Welche Möbel sind da? Was ist in den Schränken oder Regalen?
Machen Sie das einmal still für sich und tun Sie dann einmal so, als wären Sie selbst in diesem Zimmer und hätten noch eine andere Person dabei, der Sie alles Zeigen. Sie müssen dabei nicht viele blumige Adjektive verwenden, aber sprechen Sie dabei bitte kurz laut aus, was man sehen kann und zeigen Sie auch mit dem Finger in die Richtung, wo sich der Gegenstand in Ihrer Vorstellung befindet: „Hier links oben hinter der Tür ist das Gewürzregal, besonders gern benutze ich da den Kreuzkümmel, den meine Eltern aus einem Frankreichurlaub mitgebracht haben. In dem Schrank darunter bewahren wir hauptsächlich Gläser auf, die wir nur sehr selten benutzen. Die Gläser, die wir ständig benutzen sind da hinten auf dem Bord über der Spüle…." Sie werden merken, dass das Zimmer für Sie wesentlich realer wird, wenn Sie es nicht nur still für sich durchgehen, sondern laut darüber sprechen. Vermutlich werden Sie aber gerade beim lauten

Beschreiben plötzlich auf Stellen in diesem Zimmer stoßen die Sie irgendwie nicht so recht erfassen können. Sie sind sich plötzlich nicht mehr sicher, was da hinten in der Zimmerecke steht oder haben einen Blackout, wenn Sie sagen sollten, was eigentlich in dieser Schublade ist. Wenn Sie das Zimmer nur in Gedanken durchgehen, dann übersehen Sie diese Blinden Flecken meistens vollkommen. Das Aufschreiben oder laut Aussprechen verleiht unseren Gedanken und unseren Vorstellungen mehr Stabilität. Wir sehen die Dinge klarer, wenn wir nicht nur still darüber nachdenken. Deshalb üben Sie Selbsthypnose auch, indem sie Laut dabei sprechen. Selbstverständlich kann man nicht immer und überall laut vor sich hindenken. Aber wenn Sie allein sind und niemand da ist, der sich sonst Sorgen über ihren geistigen Gesundheitszustand machen würde, dann führen Sie ruhig ganz ungeniert Selbstgespräche. Oder führen Sie ein Tagebuch. Es geht in dem Tagebuch nicht darum, dass Sie ein druckreifes Ergebnis abliefern. Bei dem Tagebuch geht es nicht darum, dass es gelesen wird. Es geht um das Schreiben und die Art und Weise, wie das beim Denken hilft. Wenn man mal alte Tagebucheinträge durchliest, dann lassen Gedanken, die einen damals sehr bewegt haben, meistens völlig kalt. Daran können Sie dann deutlich erkennen, dass Sie mit alten Problemen, die Sie damals für unüberwindlich gehalten haben, inzwischen völlig abgeschlossen haben. Sie haben diese Sorgen so weit hinter sich gelassen, dass Sie nicht einmal mehr nachvollziehen können, wie Sie das einmal so mitgenommen hat. Und wenn Sie jetzt gerade oder in Zukunft Sorgen haben, dann können Sie zuversichtlich sein, dass sich auch diese Probleme einige Zeit später in Wohlgefallen aufgelöst haben werden.

Einerseits verleiht das Aufschreiben oder Aussprechen den Gedanken Stabilität, andererseits hilft es aber auch dabei, Probleme aufzulösen. Es gibt Gedanken, die uns irgendwie nicht loslassen, und dann grübeln und grübeln und grübeln wird darüber nach. Wenn man diese Gedanken zu Papier gebracht hat, dann fällt es anschließend viel leichter, sich mit etwas anderem zu beschäftigen. Man hat einen Bericht geschrieben und kann das Problem zu den Akten legen.

Tagebuchschreiben hat eine deutlich messbare therapeutische Wirkung, und das ganze ohne Therapeuten.

Aber am besten ist es immer noch, wenn Sie ihre Emotionen nicht einfach zu den Akten legen, sondern wenn sie das Problem bewältigen, auf das Sie Ihre Emotionen hinweisen. Wenn sie negative Emotionen verspüren, weil ihnen Mitmenschen auf die Nerven gehen, dann ist es u.U. wesentlich hilfreicher mit ihnen darüber zu sprechen als Ihren Ärger dem Tagebuch anzuvertrauen. Aber Sie müssen das rechtzeitig tun! Wenn Sie merken, dass Sie ärgerlich werden, dann wollen Sie die Angelegenheit regeln, solange Sie dabei noch freundlich bleiben können. Wenn Sie ihre Emotionen ständig unterdrücken, ist es dann meistens aber schon zu spät, wenn Sie den Mund aufmachen.

Die gute Nachricht für die Machos unter uns: Sie

brauchen sich dabei nicht anzuhören wie ein Mädchen. Wenn ein Kumpel nicht aufhört, Witze auf Ihre Kosten zu machen, dann sagen Sie ihm das einfach: „Hey, das war ganz witzig. Aber jetzt lass mal gut sein. Das fängt jetzt allmählich an zu nerven." Und wenn der dann sagt: „Ach wieso denn, stell dich doch nicht so an." dann versuchen Sie nicht mit irgendwelchen Erklärungen oder Argumenten zu kommen. Bleiben Sie bei Ihren Emotionen und sagen Sie dann einfach „Weiss auch nicht. Ich werde da jetzt allmählich irgendwie sauer. Also lass das bitte."

Sie müssen anderen Menschen nicht stundenlang über jedes Detail ihrer Gefühle in Kenntnis setzen. Die Details sind für Sie selbst wichtig, aber ihr Mitmenschen würden Sie damit oft überfordern. Viel wichtiger ist es, dass Sie sagen können, was Sache ist, solange Sie noch keine Tränen in den Augen oder Schaum vorm Mund haben.

Wenn Sie sich fragen, was das alles mit Hypnose zu tun hat:

Man fokussiert die Aufmerksamkeit. Man konzentriert sich auf die unterschiedlichen Körperempfindungen und nimmt die Assoziationen wahr, die man damit verknüpft. Das ist eine ganze einfache Übung. Wenn man aber wirklich aufmerksam und mit Interesse auf die unterschiedlichen Wahrnehmungen achtet, dann kommt man gar nicht mehr dazu, sich deswegen einen Kopf zu machen. Man vermeidet die sonst üblichen Gedankengänge, die einem jetzt normalerweise gesagt hätten, dass diese Emotionen schlecht sind, dass man so nicht zurecht kommt, und dass man nicht gut genug ist.

Und man reagiert jetzt automatisch anders auf seine Emotionen. Das heisst man hat gelernt. Und in der Regel ist das ein positiver Lerneffekt.

Und wir erinnern uns: Das ist genau das, was Hypnose ausmacht:

• Aufmerksamkeit fokussieren,
• Widerstand/Argumentation/Kritischen Verstand umgehen,
• Typ 1 Denkprozesse anregen.

An diesem Beispiel sieht man übrigens, dass diese drei Punkte, die Hypnose ausmachen, nicht in drei unterschiedlichen Arbeitsschritten abgearbeitet werden müssen. Indem wir unsere Aufmerksamkeit auf die körperlichen Empfindungen fokussieren erledigen wir den Rest gleich mit. Wenn wir uns auf Sinneswahrnehmungen konzentrieren und dabei auch noch auf Feinheiten und Veränderungen achten, fällt es schwer, gleichzeitig den Kritischen Verstand laufen zu lassen.

Bemerkenswert ist, dass wir bei diesem Prozess zunächst einmal kein Endergebnis vorgegeben haben. Das passt so überhaupt nicht zu dem Bild, das wir von Hypnose haben. In der klassischen Hypnose werden auch tatsächlich genaue Anweisungen gegeben, wie ein Problem zu lösen ist. Das kann man so machen, aber das funktioniert nur, wenn man tatsächlich einen Lösungsweg parat hat, der tatsächlich genau für den Klienten und genau auf diese Problematik passt. Es

geht aber auch viel einfacher:
Man sabotiert einfach das Verhalten, das bisher dazu
geführt hat, dass man nicht weiter gekommen ist. Man
vertraut darauf, dass die betreffende Person selbst
herausfindet, was sie dann stattdessen macht. Man
umgeht den Kritischen Verstand und schickt den
Unbewussten Verstand auf die Suche. Man weiss dann
nicht, wo die Reise hingeht, aber man merkt, ob es in
die richtige Richtung geht und man merkt auch, wenn
es holpert und man nochmal einen Richtungswechsel
anregen muss.

Schauen wir uns unser Beispiel von den Problemen am
Arbeitsplatz noch einmal an. Die ersten beiden
Symptome, die dort geschildert werden, sind
Bauchschmerzen und Angespanntheit. Das deutet auf
eine Angstproblematik hin. Die Standardbehandlung
würde dementsprechend mit Entspannungsübungen
beginnen. Bei genauerem Hinsehen sieht man
allerdings, dass man damit einen anderen Impuls, der in
die gewünscht Richtung weist, ebenfalls abwürgen
würde. Neben dem Fluchtreflex ist da das Gefühl, das
als Angriffslust beschrieben wird. Die Lösung des
Problems bestand dann nicht darin, die Angstsymptome
zu reduzieren, sondern die Angriffslust zu betonen. Und
dies war keine bewusste Entscheidung, sondern der
Veränderungsprozess hatte bereit unbewusst
eingesetzt. Die Angstsymptome sind dabei ganz von
alleine zurückgegangen. In der weiteren Arbeit wurden
dann lediglich Strategien entwickelt, wie man diese
positive Entwicklung weiter unterstützen konnte.

Es ist meistens gar nicht schwer den Leuten anzusehen, ob sie auf einem guten Weg sind, oder ob sie in eine Sackgasse geraten sind. Den meisten Menschen steht es förmlich ins Gesicht geschrieben, ob sie zuversichtlich sind und das Gefühl haben, dass es vorwärts geht, oder ob sie Zweifel haben, weil sie merken, dass es nicht weiter geht. Das kann man schon im Alltag oft ganz deutlich erkennen, wenn man einfach mal darauf achtet. Wenn man mit den Leuten spricht, sieht man das oft nicht ganz so deutlich, weil die Menschen sich keine Blöße geben wollen und negative Gefühle verbergen. Aber wenn sie sich unbeobachtet fühlen, wird es überraschend einfach. Und wenn sie dann noch in Trance sind, und so mit ihrem inneren Erleben beschäftigt sind, dass sie völlig vergessen haben, dass man auch noch da ist, dann muss man sich schon ziemlich anstrengen, um das nicht mitzukriegen.

EMOTIONEN GEZIELT VERÄNDERN

Im vorangegangen Abschnitt habe ich beschrieben, dass Emotionen immer aus zwei Komponenten bestehen: Körperlichen Empfindungen und einem Etikett, mit dem wir diesen Empfindungen einen Sinn andichten. Wir haben dabei gesehen, dass die körperlichen Empfindungen wesentlich komplexer sind und einen Nuancenreichtum offenbaren, der durch das Etikett nicht widergespiegelt wird. Wenn man auf diese Feinheiten bei den körperlichen Empfindungen achtet und dabei auch beobachtet, wie sie sich verändern, wenn man sich bewusst mit ihnen beschäftigt, dann erhält man oft wichtige Hinweise darauf, wie man etwaige Probleme lösen kann. In unserm Beispiel bestand die Lösung darin, zu erkennen, dass die Emotion nicht nur aus Versagensangst bestand, sondern neben dem Fluchtreflex durchaus auch Angriffsbereitschaft beinhaltete, und dass die betreffende Person insgesamt glücklicher war, wenn Sie dem angriffsbereiten Anteil das Kommando überließ.

Wir haben auch gesehen, dass das Etikett, dass wir einer Emotion verpassen meist nicht den Kern der Sache trifft. Denn meistens haben wir es nicht nur mit einer Emotion zu tun, sondern mit einem Bündel von widersprüchlich erscheinenden Emotionen. Wenn wir dann Probleme mit diesen Emotionen haben, liegt das nicht selten daran, dass der Name, den wir diesem Problem gegeben haben in die falsche Richtung weist.

Die Namen von Gefühlen helfen uns auch meistens nicht sehr weit, wenn wir Emotionen heraufbeschwören wollen. Wir haben das bereits bei den Entspannungsübungen gesehen. Es reicht nicht, sich zu sagen „Ich entspanne mich jetzt einfach." Der Begriff „Entspannung" ist wirklich nur ein ganz grober Wegweiser. Diese Entspannung erreicht man bewusst, indem man wirklich die einzelnen Körperempfindungen und andere Assoziationen, die man mit diesem Begriff verbindet, in sich wachruft. Erst wenn man einige Übung darin hat, diesen entspannten Zustand gezielt anzusteuern kann man darauf verzichten, die Einzelschritte bewusst einzeln durchzugehen. Dann ist es möglich, einfach „Entspannen" zu denken, und den Veränderungsprozess, der am Anfang noch ein paar Minuten in Anspruch genommen hätte, in wenigen Sekunden zu erreichen.

Wir verändern natürlich ständig unsere Emotionen innerhalb nur weniger Sekunden oder manchmal auch nur von Sekundenbruchteilen. Aber das geschieht dann nicht bewusst und schon gar nicht geplant und zielgerichtet. Unser Nervensystem reagiert dabei auf Umweltreize und erzeugt dabei Empfindungen und löst Verhaltensweisen aus, denen wir erst im Nachhinein einen bestimmten Stempel aufdrücken. Unser Bewusster Verstand beschäftigt sich zumeist recht ausgiebig mit dem Stempel, vernachlässigt dabei meistens jedoch völlig die zugrundeliegenden Prozesse.

Diese Prozesse werden vom Bewussten Verstand oft überhaupt erst wahrgenommen, wenn sie als Krankheitssymptom in Erscheinung treten.

Im letzten Kapitel ging es darum, dass wir ein besseres Verständnis unserer Emotionen erlangen, wenn wir sie in ihre Einzelteile zerlegen und uns die unterschiedlichen Aspekte genauer anschauen, statt uns auf die Normen und Werte, die wir mit dem Etikett verbinden, zu konzentrieren. Wenn wir Emotionen abrufen wollen, gehen wir genau so vor.

Machen wir eine Übung. Wir wollen uns jetzt einfach mal „gut" fühlen. Es gibt da natürlich die unterschiedlichsten Situationen in denen man sich gut fühlt, und je nach Situation unterscheiden sich natürlich auch die einzelnen Empfindungen. Da wir uns bereits ausführlich mit Entspannung beschäftigt haben und auch schon eine Übung hatten, in der es um die positive Einstellungen zu unseren Mitmenschen ging (und dabei fühlt man sich auch sehr gut), wollen wir jetzt einen aktiven, motivierten, energiegeladenen Zustand.

Im Gegensatz zu den Entspannungsübungen haben wir für einen aktiven Zustand kein Standardrezept zur Hand. Bei der Entspannungsübung üben wir uns darin, auf einem Stuhl zu sitzen, auf unsere Atmung zu achten und unsere Muskulatur zu entspannen. Wir üben uns darin, uns voll und ganz darauf zu fokussieren, nichts zu tun. Und das können wir grundsätzlich alle auf die gleiche Art und Weise bewerkstelligen. Aber wenn es um Aktivität und Energie geht, dann gehen da die

Vorlieben und auch die Möglichkeiten stark auseinander. Was einen jungen Sportler gerade mal warm werden lässt, überfordert andere Menschen bereits. Und nicht alle Tätigkeiten erscheinen jedem in gleicher Weise motivierend. Es gibt Leute, die geraten bei Ratesendungen aus dem Häuschen, andere gehen beim Tanzen voll ab, wieder andere springen freiwillig mit dem Fallschirm, ganz ohne Not, aus vollkommen funktionstüchtigen Flugzeugen. Und bei diesen unterschiedlichen Aktivitäten ist man natürlich auch auf unterschiedliche Arten aktiv. Der Zuschauer bei der Ratesendung ist vielleicht körperlich nicht so aktiv wie der Tänzer, hat aber trotzdem vielleicht einen viel höheren Muskeltonus und ist dabei hochkonzentriert.

Wenn Sie für Sich selbst oder für jemand anderes einen aktiven, energiegeladenen Zustand abrufen wollen, dann müssen Sie also erst einmal grob herausfinden, in welche Richtung die Reise gehen soll. Machen Sie das jetzt einfach mal für sich selbst.

Um welche Aktivität soll es dabei gehen? Was machen Sie da? Wo machen Sie das? Wann und wo haben Sie das zuletzt gemacht? Was sehen und hören Sie, während Sie das tun? Wie fühlt sich Ihr Körper dabei an, und wie geht Ihre Atmung? Und stellen Sie sich vor, wie Ihr Gesicht dabei aussieht. Und wie verändern sich all diese Wahrnehmungen, während Sie dieser Tätigkeit nachgehen? Werden Sie langsam warm? Oder kommt der Energieschub schnell und heftig wie ein Paukenschlag oder ein Blitz? Sind Sie erst aufgeregt und voller Vorfreude, oder müssen Sie sich vielleicht erst mühsam dazu aufraffen und merken erst, wenn Sie mittendrin sind, wie gut Sie sich dabei fühlen?

Machen Sie sich erst klar, wie sich der energiegeladene Zustand anfühlt, und welche anderen Wahrnehmungen und andere Empfindungen für Sie dazugehören. Und dann spielen Sie vor allem auch den Weg durch, auf dem Sie diesen Zustand erreichen.

Am einfachsten erreichen Sie dieses kraftvolle Gefühl, das wir hier anstreben, natürlich, wenn Sie tatsächlich der entsprechenden Aktivität nachgehen. Wenn man sich fühlen will wie ein Tänzer, dann ist die naheliegende Vorgehensweise, sich die passende Musik anzumachen und zu tanzen. Auch wenn wir viel erreichen können, indem wir die entsprechenden Aktivitäten mit allen Details im Kopf simulieren, ist es meistens immer noch besser, wenn man tatsächlich körperlich aktiv wird. Durch tatsächliche Erfahrungen werden natürlich auch die Szenarien, die wir in der Hypnose oder Selbsthypnose durchspielen, lebhafter und können erst so ihre volle Wirkung entfalten.

Also zurück zu unserer Übung: Nachdem Sie sich klar gemacht haben, um welche Aktivität es geht und was Sie dabei alles empfinden und wie Sie atmen und sich bewegen, schließen Sie die Augen und spielen diese Situation in Gedanken in allen Details durch. Obwohl Sie es sich mit diesem Buch irgendwo bequem gemacht haben und mit geschlossenen Augen ruhig sitzen, werden Sie feststellen, dass sich das bloße Vorstellen der Situation deutlich auf ihren Körper auswirkt. Sie werden feststellen, dass sich Ihre Atmung verändert und dass Ihre Muskulatur tatsächlich im Ansatz bestimmte Bewegungen ausführen will. Wenn Sie sich vorstellen, Tennis zu spielen, dann wird Ihr rechter Arm leicht zucken. Wenn Sie sich Vorstellen zu Tanzen, dann wird vermutlich zumindest Ihr Kopf oder Ihr Fuss leicht zum Rhythmus der Musik mitwippen. Wenn Sie jemand anderes durch diese Übung geleiten, dann können Sie oft an genau solchen Zeichen erkennen, dass Ihr Gegenüber in die Vorstellung eingetaucht ist und sie lebhaft wahrnimmt und den entsprechenden Zustand erreicht.

Umgekehrt können solche kleinen Bewegungen auch sehr dabei helfen, die Vorstellungen lebhafter zu machen. Stellen Sie sich einmal Musik vor, während sie peinlichst genau darauf achten vollkommen still zu sitzen. Und dann denken Sie an das gleiche Stück, aber gehen Sie diesmal im Rhythmus mit. Sie brauchen nicht zu tanzen, schon ein leichtes Kopfnicken im Takt kann bereits eine deutliche Wirkung zeigen. Auch andere kaum merkliche Bewegungen können helfen, den mentalen Zustand zu verändern. So kann z.B. ein kurzes Ballen der Faust helfen, sich einen Ruck zu geben. Wenn Sie sich die Situationen vergegenwärtigen, in denen Sie den gewünschten Zustand erreichen, dann werden Sie vermutlich feststellen, dass es da ein paar Details gibt, die aus der Masse der anderen Empfindungen herausstechen und schon für sich genommen eine große Wirkung auf Sie haben. Diese Schlüsselreize können Sie dann benutzen, um ganz bewusst in kürzester Zeit Ihre Stimmung zu beeinflussen.

Falls das mal nicht funktioniert, dann liegt das in der Regel daran, dass man versucht, das Gefühl zu erzwingen. Mit Emotionen ist es wie mit einem Tier, das man in einen Käfig locken will. Wenn man das Tier anbrüllt und versucht, es mit Gewalt durch die Käfigtür zu bugsieren, dann erreicht man meistens eher das Gegenteil. Das verstörte Tier will überall hin, nur nicht in die Nähe des Käfigs. Das beste ist dann einfach, die Käfigtür weit aufzumachen, den Futternapf mit Leckereien zu füllen und dann einfach abzuwarten ohne weiter auf das Tier einzureden.

Sie beeinflussen Ihre Emotionen indirekt, indem Sie einzelne Elemente, die mit diesen Emotionen einhergehen, produzieren. Sie ködern die Emotion eher als dass Sie sie herbeirufen oder gar herbei befehlen. Denken Sie dabei wieder an die drei Punkte, die Hypnose ausmachen:

•Aufmerksamkeit fokussieren,
•Widerstand/Argumentation/Kritischen Verstand umgehen,
•Typ 1 Denkprozesse Anregen.

Wenn Sie die Emotion herbei zwingen wollen, dann fokussieren Sie Ihre Aufmerksamkeit auf den erwarteten Widerstand und darauf, dass Sie den erwünschten Effekt nicht erzielen. Sie rennen gegen den so überhaupt erst erzeugten Widerstand an und versuchen, das Gefühl mit einem Typ 2 Denkprozess zu reproduzieren.

Fokussieren Sie ihre Aufmerksamkeit auf Körperhaltung, Atmung, Gesichtsausdruck, Gestik, Muskeltonus und auf andere Wahrnehmungen und Empfindungen, die Sie mit dem Gefühl in Verbindung bringen. Das Gefühl stellt sich dann ganz von allein ein.

Gerade am Anfang sind diese Übungen übrigens manchmal etwas enttäuschend, weil man dabei eine dramatische Veränderung erwartet. Aber überlegen Sie einmal, wie oft am Tag sich Ihre Emotionen verändern. Unsere Gefühle sind ständig in Bewegung. Und meistens merken wir das erst im Nachhinein — wenn überhaupt. Und so ist das auch, wenn wir unsere Gefühle bewusst beeinflussen. Die Gefühle stellen sich dabei ganz wie von selbst ein, und man hat dabei nicht unbedingt den Eindruck, dass man das bewusst bewerkstelligt hätte. Das ist wie mit dem Tier und dem Käfig. Man hat die Tür offen gelassen und inzwischen Zeitung gelesen und das Tier in Ruhe gelassen. Man blickt von der Zeitung auf und das Tier sitzt im Käfig. So einfach ist das. Und weil das so unglaublich einfach ist, hat man manchmal das Gefühl, man hätte nichts erreicht.

VERÄNDERUNGEN DAUERHAFT MACHEN

Wir haben im vorangegangenen Kapitel gesehen, wie man Emotionen schnell und sicher bewusst verändern kann. Wir haben aber auch gesehen, dass wir die Veränderungen, die unsere Gefühle ständig durchmachen, oft überhaupt nicht mitbekommen. Und auch wenn wir uns angewöhnen, auf unsere Emotionen zu achten, indem wir die damit einhergehenden Empfindungen, unsere Körperhaltung und Mimik bewusst beobachten, hilft uns das gerade in akuten Krisensituationen nicht weiter. Wenn wir mittendrin stecken, dann vergessen wir meist völlig, dass wir die nötigen Hilfsmittel zur Hand haben, und uns mühelos in einen emotionalen Zustand versetzen könnten, in dem wir der Aufgabe wesentlich besser gewachsen wären. Und selbst wenn wir daran denken, haben wir in der akuten Krise oft einfach nicht mehr die Möglichkeit, die Situation zu durchdenken, um eine Lösung zu finden, die dann besser ist, als die Panikreaktion, die wir gerade zur Verfügung haben. Oft fehlt dazu einfach die Zeit und andere Faktoren benötigen unsere volle Aufmerksamkeit. Und ganz entscheidend ist auch: Gerade wenn wir Selbsthypnose am dringendsten brauchen, sind wir vermutlich in einem Gemütszustand, in dem wir überhaupt nicht in der Lage sind, einen vernünftigen Gedanken zu fassen und die

Selbsthypnose zu planen. Wenn man einen Tobsuchtsanfall hat, dann ist entspanntes Durchatmen in der Regel das letzte, was einem in den Sinn kommt.

Das heisst, wenn wir solche Probleme mit Hilfe von Hypnose besser bewältigen wollen, dann können wir nicht einfach in der jeweiligen Situation an den Gefühlen arbeiten. Wir müssen schon vorher daran arbeiten. Wir müssen dafür sorgen, dass die gewünschte Veränderung in dieser Situation automatisch abläuft, ohne dass wir dann noch bewusst daran denken müssen. Wir wollen uns schlicht und einfach neue emotionale Reaktionen antrainieren.

Wenn wir Probleme mit unseren emotionalen Reaktionen feststellen und einen Änderungsbedarf sehen, dann bedeutet dass meistens, dass wir diese Probleme regelmäßig in immer den gleichen Situationen haben. Wenn Klienten mit ihren Problemen zu mir in die Praxis kommen, dann haben sie sich meistens schon monate- oder jahrelang mit diesen Problemen herumgeärgert. Nur weil man einmal eine unerfreuliche Erfahrung gemacht hat, ersucht man nicht gleich um Hilfe im Umgang damit. Die Hilfe braucht man, weil man immer wieder die gleichen Probleme hat, und nicht weiss, wie man damit umgehen soll.

Das eigentliche Problem ist, dass wir, je nachdem in welchem Gemütszustand wir gerade sind, ganz unterschiedliche Fähigkeiten besitzen, mit unterschiedlichen Situationen umzugehen. Wenn wir ausser uns sind, dann sind wir im Moment einfach nicht in der Lage, besonnen nachzudenken. Aber wir haben dann andere Fähigkeiten. Wir können dann z.B. anderen Menschen gehörig den Marsch blasen. Wenn wir hingegen ruhig und entspannt sind, dann können wir unsere Probleme rational analysieren. Aber unter Umständen fehlt uns in diesem Zustand dann der Mumm, um unangenehme Entscheidungen auch umzusetzen.

Wenn wir Probleme mit uns herumtragen, dann liegt das daran, dass wir immer gerade dann, wenn das Problem kut wird, den falschen Gemütszustand haben, um mit diesem Problem fertig zu werden. Wenn wir einen emotionalen Zustand haben, in dem wir mit dem Problem gut zurecht kommen, dann haben wir das Problem nicht. Und oft können wir uns dann nicht einmal in die Problemlage einfühlen.

Das führt dazu, dass das Problem und die Lösung für uns in zwei unterschiedlichen Welten existieren. In der Problemsituation ist man aufgebracht, in Panik oder deprimiert. Wenn es einem gut geht, macht man dann vielleicht Übungen, durch die es einem noch Besser geht. Aber man kann das Gelernte im Problemzustand nicht anwenden.

Die Lösung besteht darin, dass man beim Trainieren der Lösung immer zuerst den Problemzustand durchspielen muss und dann das neue Verhalten an diesen Problemzustand ankoppelt. Man trainiert also nicht lediglich den positiven Zustand, sondern man trainiert den Übergang vom Problem zur Lösung. Das Wort

Lösung macht ja auch überhaupt keinen Sinn, wenn es nicht mit einem Problem in Verbindung steht. Die meisten Selbsthilferatgeber zeigen ganz wunderbare Übungen auf, mit denen man einen Zielzustand trainieren kann. Man liest ein erbauliches Buch mit interessanten Übungen. Man fühlt sich schon beim Lesen gut und wenn man dann diese Übungen macht, dann fühlt man sich noch besser, und glaubt dann tatsächlich, dass alles gut wird. Dass zur Problemlösung aber das Problem zwingend dazu gehört, und dass deshalb das Training des Problemlösungsverhaltens immer auch zumindest ein kleines bisschen mit Leid verbunden ist, wird in diesen Büchern nicht erwähnt.

Andere Therapieansätze machen es genau anders herum. Die Klienten werden aufgefordert sich ausgiebig mit den Problemen zu beschäftigen. Nicht selten geraten die Klienten dann in den Problemzustand und werden dann vom Therapeuten darin sitzen gelassen.

Für unsere Zwecke müssen wir den Problemzustand, oder zumindest bestimmte Aspekte des Problemzustandes, aktivieren. Aber wir sehen zu, dass das mit so wenig Leid wie möglich verbunden ist. Wir wollen uns nicht im Leid suhlen, wir wollen lediglich ein Startsignal für das Problemlösungsverhalten etablieren. Wenn wir den Problemzustand erreicht haben, dann unterbrechen wir diesen Zustand und bauen den ressourcenreichen Zustand, in dem das Problem überhaupt kein Problem mehr darstellt, auf. Man kann diesen positiven Zustand auch durchaus erst einmal für sich einüben. Entspannungsübungen kann man einfach so machen, ohne dabei ein bestimmtes Problem im Hinterkopf zu haben. Es gibt so viele unterschiedliche Probleme, bei denen man die Fähigkeit, sich zu entspannen, gut gebrauchen kann. Es ist nichts dagegen einzuwenden, erst einmal Trockenübungen zu machen. Aber nur weil man die Trockenübungen beherrscht, heisst das noch nicht, dass man schwimmen kann. Man muss dazu tatsächlich ins Wasser.

Wenn wir dann den Zielzustand erreicht haben, dann testen wir die Reaktion auf die Reize, die sonst den Problemzustand auslösen würden. Wenn wir mit der Reaktion zufrieden sind, dann sind wir fertig. Wenn die Reaktion nicht zufriedenstellend ist, dann wiederholen wir den Prozess. Da wir dann den Problemzustand beim Test schon aufgebaut haben, haben wir den ersten Schritt dazu auch bereits erledigt. Wir unterbrechen diesen Zustand wieder und erzeugen wieder den Zielzustand und testen aufs neue.

- Problemzustand
- Unterbrechen
- Zielzustand
- Test

Man PUZT und PUZT und PUZT die Probleme weg.

Ich bitte um Entschuldigung, für die Schmerzen, die das fehlende T verursachen mag, aber diese Vorgehensweise besteht wirklich nur aus vier einfachen Schritten, die wir einfach so lange wiederholen, bis wir mit dem Ergebnis zufrieden sind

Wir durchlaufen während des Trainings immer wieder
die gleiche Schleife. Wir erzeugen den problematischen
Anfangszustand, wir unterbrechen diesen Zustand und
ersetzen ihn durch einen ressourcenreichen Zustand, in
dem das Problem kein Problem mehr darstellt.
Anschließend Testen wir unser Ergebnis, indem wir die
Problemsituation wieder vergegenwärtigen und dabei
die emotionale Reaktion beobachten. Und diese
Schleife wiederholen wir solange, bis die neue
Verhaltensweise, das neue Reaktionsschema, erlernt
wurde. Wiederholung ist für Lernprozesse extrem
wichtig.

Auch das Problemverhalten zeigt sehr oft derartige
Schleifen. Wir haben das bei dem Beispiel der
Angststörung, die ursprünglich durch einen
Kreislaufkollaps hervorgerufen wurde, gesehen. Die
Panikattacke, die zunächst einmal nur ein punktuelles
Ereignis war, wird in Gedanken immer wieder
durchgespielt. Wenn man dabei überlegt, was passiert,
wenn man eine derartige Panikattacke auch in anderen
Situation bekäme, dann trainiert man das geradezu.
Man fängt an, Situationen, die möglicherweise
Panikattacken auslösen könnten, zu vermeiden. Das
bringt kurzfristig Erleichterung und diese Erleichterung
ist das schnell einsetzende Feedback, dass den
Lernprozess anfeuert. Die negativen Auswirkungen
zeigen sich nicht so unmittelbar. Das negative Feedback
erfolgt erst viel später und hat deshalb deutlich weniger
Einfluss auf diesen fehlgeleiteten Lernprozess.

Wir setzen am Anfang dieser Problemschleife an, unterbrechen diese Schleife und bieten eine bessere Alternative an. Dabei ist es wichtig, dass diese bessere Alternative auch direkt mit einem positiven Feedback verbunden ist.

Deshalb hilft es z.b. auch nicht, einem Raucher vorzuschlagen, er solle sich einfach durch Willensstärke vom Rauchen befreien. Die Zigarette gibt dem Raucher eine schnelle Befriedigung. Die Probleme, die sich aus dem Rauchen ergeben, zeigen sich erst längerfristig. Herzinfarkt und Lungenkrebs liegen in weiter Ferne. Willensstärke erfordert Verzicht. Der Begriff setzt bereits voraus, dass das Ganze unangenehm und schwierig wird, und dass man den Lohn dafür erst sehr viel später erhält. Das ist aus lerntheoretischer Sicht natürlich verheerend. Auf der einen Seite die schnelle Belohnung, auf der anderen Seite zunächst einmal nur Mühsal und Ungemach.
Die Lösung besteht darin, das Rauchen durch ein anderes Verhalten zu ersetzen, dass ebenfalls eine schnelle Belohnung mit sich bringt. Viele Menschen, die mit dem Rauchen aufhören, machen das ganz instinktiv, indem sie z.b. von Zigaretten auf Süßigkeiten umsteigen.

Wenn Sie sich selbst, oder jemand anderem dabei helfen wollen, mit dem Rauchen aufzuhören, dann gehen Sie wie folgt vor:

Klären Sie zunächst einmal die Motivation, um

überhaupt mit dem Rauchen aufzuhören. Viele Raucher wollen überhaupt nicht mit dem Rauchen aufhören und haben sich gegen die Nörgeleien und Besserwissereien ihrer Mitmenschen einen dicken Schutzschild zugelegt. Ist das der Fall, dann werden Sie auch mit dieser Methode keinen Erfolg haben. Die Motivation, mit dem Rauchen aufzuhören muss grundsätzlich da sein. Der Widerstand würde sonst jeden Versuch, eine Alternative mit positivem Feedback aufzubauen, zunichte machen.

Dann sprechen Sie natürlich auch über all die negativen Folgen des Rauchens. Das gehört einfach zu einer Raucherentwöhnung dazu und wird erwartet. Würden sie das unterlassen, dann würde da einfach etwas fehlen. Vermeiden sie dabei aber den erhobenen moralischen Zeigefinger. Am besten funktioniert das, wenn Sie selbst jahrelang geraucht haben, und aus eigener Erfahrung wissen, was sich Raucher ständig selbst antun. Dann wissen Sie auch, dass Sie die Gesundheitsrisiken nur am Rand zu erwähnen brauchen, denn Sie spielen für die Entscheidung, mit dem Rauchen aufzuhören meistens nur eine untergeordnete Rolle. Gerade als ehemaliger Raucher kennen Sie aber auch all die unmittelbar als unangenehm empfundenen Begleitumstände des Rauchens. Als Raucher wird man inzwischen gezwungen, bei Wind und Wetter vor die Tür zu gehen, um zu rauchen. Das macht keinen Spaß und man kann dann auch die Zigarette nicht wirklich genießen. Und da ist die ständige Sorge, ob der Zigarettenvorrat noch reicht. Oft muss man nur der Zigaretten wegen nochmal in die Stadt. Dann sind da natürlich ständig die doofen

Kommentare von Nichtrauchern. Da steht man schon draußen im Regen und muss sich dann auch noch gefallen lassen, dumm angemacht zu werden. Und wenn die betreffende Person wirklich mit dem Rauchen aufhören will, es aber bisher aus eigener Kraft nicht geschafft hat, dann macht das natürlich auch wütend. All dies sind Dinge, die als unmittelbares negatives Feedback dienen können. Mit diesem Gespräch bauen wir einen Zustand auf, den wir dann später benutzen, um das Verlangen nach einer Zigarette zu stören.

Bei diesem Gespräch sollten Sie aber auch die positiven Aspekte, die die schlechte Angewohnheit mit sich bringt, nicht unberücksichtigt lassen. Raucher benutzen die Zigaretten z.B. um ihre Arbeitszeit zu organisieren. Das gilt besonders für Menschen mit einem Schreibtischjob. Wir alle kennen die Empfehlungen, dass man da regelmäßig kurze Pausen einlegen soll um sich die Beine zu vertreten. Aber die meisten Menschen legen diese Pausen erst ein, wenn sie bereits Symptome wie Nackenschmerzen oder Konzentrationsstörungen bemerken. Oder aber die Pausen arten aus und dauern länger als man beabsichtigt hat. Kaum jemand zieht das Programm mit den regelmäßigen kurzen Arbeitspausen so diszipliniert durch wie Raucher. Man kann fast die Uhr danach stellen, und nach der Zigarette geht es dann auch meistens recht zügig wieder an die Arbeit. Bei den Zigarettenpausen trifft man auch Kollegen, die man sonst vielleicht nie zu Gesicht bekäme, weil sie z.B. aus anderen Abteilungen kommen. All das sind positive Nebenwirkungen des Rauchens. Wenn man mit dem Rauchen aufhört, dann fallen auch diese positiven

Effekte weg. Man muss dann eine Ersatzlösung finden, die diese Funktion übernimmt. Die Bedeutung dieser positiven Effekte sollten Sie nicht unterschätzen und keinesfalls einfach unter den Teppich kehren. Oft sind es diese vermeintlichen Kleinigkeiten, die über Erfolg oder Misserfolg der Veränderungsarbeit entscheiden.

Dann kann es natürlich sein, dass das unerwünscht Verhalten, dass Sie behandeln wollen, in bestimmten Situationen durchaus beibehalten werden soll. Wenn man mit dem Rauchen aufhört, sollte man ganz und gar aufhören. Aber bei vielen schlechten Angewohnheiten und Problemen geht es um Handlungen, die in bestimmten Situationen tatsächlich angemessen sind und beibehalten werden sollten. Oft kommt es dabei auch auf die Dosierung an. Auch das sollten Sie während des Eingangsgespräches mit ihrem Klienten erörtern. Sie müssen sicherstellen, dass sie dem Klienten nicht etwas aufs Auge drücken, was er nicht will. Das erzeugt Widerstand. Und zwar zu Recht. Ich habe mal ein Hypnoseprogramm eines Kollegen ausprobiert, bei dem es ums Abnehmen gehen sollte. Ganz nebenbei wurde in dem Programm auch gefordert ‚man solle keinen Kaffee mehr trinken. Obwohl ich in einem angenehmen Trancezustand war, hat mich das augenblicklich wirklich zornig gemacht. Da wurde mir ohne Vorankündigung etwas suggeriert, was ich so überhaupt nicht wollte. Damit war dieses Programm für mich erledigt. Stellen Sie also sicher, dass Sie derartige Dinge vorher abklären. Oft sind es auch die Klienten, die sich Dinge abverlangen, die Sie insgeheim gar nicht wollen.

Nachdem Sie ausführlich über die unerfreulichen Seiten des Rauchens gesprochen haben, sprechen Sie nun über die Alternativen. Sprechen Sie zunächst über die Erfahrungen, die der Klient mit seinen bisherigen Entwöhnungsversuchen gemacht hat. Diese Erfahrungen waren in der Regel recht unerfreulich. Sonst hätte es mit dem Aufhören ja geklappt. Das Problem ist, dass die meisten Raucher der Zigarette mit purer Willenskraft widerstehen wollen. Das ist erstens anstrengend und daher auf Dauer recht unangenehm, und zweitens denkt man dabei fortwährend an die Zigarette und wie viel leichter und angenehmer es jetzt wäre, zu rauchen.

Und dann bieten Sie die bessere Alternative an: Jemand der das Rauchen wirklich hinter sich gelassen hat, braucht keine Willensstärke, weil er gemerkt hat, dass er sich ohne die Zigarette so viel besser fühlt. Verweisen sie dabei nochmal auf die Beispiele für all die Dinge, die Rauchern im Allgemeinen und ihrem Klienten im Besonderen beim Rauchen wirklich auf die Nerven gehen. Dann geben sie einen Ausblick auf die Zukunft: Statt zur Zigarette zu greifen, kann man dank der Hypnose stattdessen einfach tief durchatmen und sich gut fühlen. Wenn man daran denkt, zu rauchen (und dass tut man als jahrelanger Raucher noch eine ganze Weile regelmäßig), dann fällt einem plötzlich ein, was man Jahrelang über sich ergehen lassen hat, um dem nachzugeben. Und dann fühlt man sich einfach gut, weil man weiss, dass man sich das nicht mehr antun muss. Man muss schon fast darüber lachen, wenn man daran denkt, wie doof das war, sich das all die Jahre anzutun.

Jetzt können Sie anfangen, den positiven Zustand, den wir später anstelle des Suchtverhaltens einsetzen wollen, einzuüben. Wie Sie das anstellen, bleibt Ihnen überlassen. Je nach Kontext können Sie das offen, mit einer formellen Induktion und einer Entspannungshypnose machen, oder auch eher verdeckt in ein Gespräch über angenehme Situationen einbetten. Wichtig ist, dass sie ein wirklich angenehmes Gefühl erzeugen, dass sie dann später wieder abrufen können.

Im Grunde genommen haben wir mit diesen Vorarbeiten das weitere Vorgehen bereits vorgezeichnet. Wir haben zunächst über den Problemzustand gesprochen und dann als Alternative das gute Gefühl angeboten. Jetzt bauen wir die einzelnen Bausteine unseres neuen Verhaltensmusters zusammen:

Zunächst versetzen wir den Klienten, in den Problemzustand. Dazu befragen wir den Raucher ausführlich über eine Situation, in der er zur Zigarette gegriffen hat. Fragen Sie zunächst nach einer typischen Situation und fragen dann nach einem bestimmten Ereignis. Wenn der Klient sagt, dass er nach den Malzeiten raucht, dann fragen Sie ihn nach der Zigarette nach dem Frühstück heute Morgen. Wir wollen wirklich nur ein spezifisches Ereignis, weil wir sicher stellen wollen, dass wir mit einer einzelnen Situation arbeiten und nicht mit einem Gemenge von unterschiedlichen realen Bedingungen, das aber so in der Realität nicht vorkommt.

Fragen Sie also nach einem spezifischen Ereignis.
Fragen Sie wann und wo das wahr. Das führt bereits
dazu, dass sich die Person in Gedanken in diese
Situation hineinversetzt. Wenn sie hingegen nur nach
einer Typischen Situation fragen, dann wird die Person
in Gedanken eine Vielzahl von unterschiedlichen Orten
aufsuchen, sich aber in keine bestimmte Situation
wirklich hineinversetzen. Wenn sie Fragen stellen und
eine Antwort erhalten, dann wiederholen sie die
Antwort.

„Ich habe heute Morgen nach dem Frühstück geraucht."
„Sie haben gefrühstückt und dann wollten Sie rauchen.
Wo war das?"
„In der Küche, ich mache da immer das Fenster auf."
„Sie haben gerade gefrühstückt. Und Sie sind in der
Küche und machen das Fenster auf…"

Finden Sie durch gezieltes Nachfragen den Moment,
wo der Impuls zu Rauchen gesetzt wird. Die meisten
Raucher haben eine bestimmte Körperempfindung, die
signalisiert, dass es Zeit für eine Zigarette ist und dann
sehr häufig das Bild ihrer Zigarettenschachtel und dem
Ort, an dem sie sie deponiert haben, vor Augen. Ein
richtiger Raucher weiss immer, wo seine Zigaretten
sind. Genau an diesen Anfangsimpuls, der bisher immer
zum Rauchen geführt hat, wollen wir das neue
Verhalten anhängen.

Wenn Sie den Klientin in diese Situation hineinversetzt

haben, dann sollten Sie bemerken, dass er bei dieser Situation bestenfalls gemischte Gefühle hat. Jemand, der mit dem Rauchen aufhören will, ist meistens nicht wirklich glücklich bei dem Gedanken, eine Zigarette anzumachen. Es gibt bestimmte Situationen, in denen Raucher die Zigarette wirklich genießen können, aber das sind Situationen, die auch ohne Zigarette angenehm und entspannend wären. Die meisten Zigaretten werden jedoch entweder nebenbei geraucht, und nicht bewusst genossen oder sie sind mit Unannehmlichkeiten verbunden. Im Winter raus zu müssen, um zu rauchen macht nicht wirklich Spaß. Und dann ist da natürlich zumindest unbewusst immer eine Mischung aus schlechtem Gewissen und Zorn über sich selbst, weil man das Gefühl hat, keine Kontrolle über dieses Verhalten zu haben.

Wenn Sie also Ihren zukünftigen Nichtraucher in diese Situation hineinversetzt haben, er den Anfangsimpuls, der dazu führt, dass er zur Zigarettenschachtel greifen will, nachempfindet, dann unterbrechen Sie diesen Denkprozess. Das kann z.B. so aussehen: „Und Sie haben die Zigarettenschachtel vor Augen… Und Sie denken sich STOP! …Und ihnen fällt all der Mist ein, den sie wegen der Zigaretten durchgemacht haben… Und sie haben die Schnauze voll…Und sie fühlen sich stattdessen einfach so gut… weil sie das nicht mehr brauchen".

Dieses „STOP" habe ich nicht ohne Grund fett in Großbuchstaben geschrieben. Wenn der Klient dabei leicht zusammenzuckt, dann haben Sie es richtig gemacht. Danach leiten sie dann über in den Zielzustand. Und dabei ist es wirklich wichtig, dass Sie wirklich das Gefühl vermitteln, wie angenehm das ist. Das erreichen Sie, indem Sie sich selbst in diesen angenehmen Zustand versetzen. Je nachdem, wie Sie mit dem Klienten vorher den positiven Zielzustand in der Trockenübung trainiert haben, können Sie dieses angenehme Gefühl auch noch einmal intensivieren, indem Sie Elemente aus diesem Szenario aufgreifen.

Geben Sie Ihrem Klienten ein paar Sekunden, dieses angenehme Gefühl zu genießen. Sie sollten einen deutlichen Unterschied zu seinem Gemütszustand vor der Unterbrechung sehen. Anschließend konfrontieren Sie ihn wieder mit dem Anfangsimpuls und dem Verlangen nach der Zigarette: „Wenn Sie jetzt daran denken, dass Sie sich sonst in dieser Situation eine Zigarette angezündet hätten, wie fühlen Sie sich dabei?" Der Klient sollte jetzt eine deutlich positivere Reaktion zeigen. Während er vorher in der Situation, in der er daran denkt, eine Zigarette zu rauchen, leicht genervt wirkte, sollte er jetzt gelöster wirken. Oft kann man am Gesicht des Klienten auch ein ungläubiges Staunen erkennen. Aus diesem Staunen kann sich möglicherweise später ein Widerstand gegen den Veränderungsprozess entwickeln. Zu erkennen, dass man jahrelang nicht vom Rauchen weggekommen ist, obwohl es eigentlich so einfach und angenehm sein kann, löst bei vielen Menschen eine Mischung aus Schuld und Ärger hervor. Dem können Sie aber leicht begegnen, z.B.: „Sie können kaum glauben, wie einfach das ist und wie angenehm. Und sie müssen schmunzeln und leicht den Kopf schütteln, wenn Sie daran denken, wie schwer Sie sich die Sache früher mal gemacht haben." Sie greifen das Gefühl auf, und nutzen es um den Prozess zu unterstützen.

Dann fangen Sie wieder von vorne an. Sie führen den Klienten wieder in eine Situation, in der er sonst zur Zigarette gegriffen hätte, unterbrechen den Prozess direkt nach dem auslösenden Reiz und setzen wieder den ressourcenreichen Zustand ein. Anschließend testen Sie das Ergebnis, indem sie den Klienten wieder mit dem Problem konfrontieren. Das machen Sie solange, bis die Reaktion wirklich uneingeschränkt positiv ist.

Es kann passieren, dass die Reaktion beim ersten Durchgang wirklich enttäuschend ist und Sie das Gefühl haben, das sei ein kompletter Fehlschlag. Das kann mehrere Gründe haben. Möglicherweise passt der Zielzustand, den Sie anvisieren, nicht auf die Bedürfnisse des Klienten oder bringt unerwünschte Nebenwirkungen mit sich. Selbst wenn Sie im Vorfeld ausführlich über diese Details gesprochen haben, kann es sein, dass einige Probleme erst sichtbar werden, wenn Sie den Veränderungsprozess durchspielen. Das ist grundsätzlich kein Beinbruch. Das ist ja gerade das gute an der Hypnose, dass man die Veränderungsprozesse in Gedanken durchspielt. Das ist wie bei einer Computersimulation, in der man Fliegen lernt, ohne sich in Gefahr zu begeben. Wenn dann etwas nicht funktioniert, dann lernt man daraus und macht mit dem Training weiter.

Lassen Sie sich davon nicht beirren, sondern ziehen Sie die Arbeit durch. Bleiben Sie locker. Sagen Sie mit einem Lächeln „Das fällt Ihnen jetzt noch nicht so leicht. Das ist ganz normal." Wenn Sie unbeirrt mit dem Programm weiter machen, dann ist das auch wirklich kein Beinbruch. Schlimmstenfalls brauchen Sie dann einfach ein paar Durchgänge mehr. Wenn es dabei zu Problemen kommt, dann liegt das vermutlich daran, dass Ihr Klient erwartet, dass Sie seine Probleme in wenigen Sekunden wegzaubern, ohne dass es dabei zu Komplikationen kommen darf. Dem können Sie ganz einfach vorbeugen, indem Sie zu Beginn erwähnen, dass sie erst einmal ein paar Probedurchläufe machen, um zu sehen, ob das Programm auch wirklich auf den Klienten maßgeschneidert ist. Damit demonstrieren Sie, dass Sie sorgfältig arbeiten. Und indirekt sagen Sie damit auch, dass das Programm auf jeden Fall wirksam sein wird. Wenn man sicherstellt, dass ein Anzug maßgeschneidert ist, dann setzt das voraus, dass bei der Arbeit ein Anzug rauskommt. Wenn Sie sagen, dass Sie sicherstellen wollen, dass das Programm hundertprozentig passt, dann impliziert das, dass es hundertprozentig wirksam sein wird.

Bei den Tests am Ende des Durchganges sollten Sie, wenn sich deutliche Fortschritte abzeichnen auch den Schwierigkeitsgrad steigern. Der frische Nichtraucher wird ständig Versuchungen ausgesetzt sein, zum alten Verhalten zurückzukehren. Wir wollen sicher stellen, dass er dem gewachsen ist. Ziel des Spiels ist es, dem Klienten eine Zigarette anzubieten und wirklich zu versuchen, ihn zu verführen.

„Sie können sich ruhig eine Zigarette anmachen. Sie
haben jetzt eine halbe Stunde hier gesessen während
wir die ganze Zeit über's Rauchen gesprochen haben.
Und da haben Sie wirklich keine Lust auf eine
Zigarette?" Sie wollen, dass der Klient Sie dabei
anschaut, als hätten Sie nicht allen Tassen im Schrank.
Wenn der Klient sich noch unsicher ist und Sie das
Gefühl haben, Sie müssten Ihn noch überzeugen, dass
die Hypnosetherapie wirklich erfolgreich ist, dann sind
Sie mit ihrer Arbeit noch nicht fertig. Sie brauchen dann
einfach noch ein paar weitere Durchgänge. Sie machen
einfach solange weiter, bis der Klient so weit ist, dass er
Sie überzeugen will, dass er dieses Problem hinter sich
gelassen hat.

Mehr darüber, wie Sie in der Hypnose Probleme
vermeiden, indem Sie langsam den Schwierigkeitsgrad
herauffahren und Probleme in Lösungen verwandeln,
erfahren Sie in dem Kapitel über schnelle Erfolge.

Rauchen ist nicht das einzige Problem, das Sie nach
diesem Muster behandeln. Solange Sie in der Lage sind,
den Problemzustand zu reproduzieren und das neue
Verhalten daran anhängen können, ist das ein wirklich
einfaches Standardrezept, mit dem Sie fast jedes
Problem angehen können.

Oft ist es dabei nicht einmal nötig, dass Sie einen
Zielzustand planen und gezielt einsetzen. Wenn Sie den
Problemzustand unterbrechen und einen Suchprozess
anregen, mit dem der Klient selbst auf die Lösung

kommt, dann können Sie helfen, ohne die Lösung des Problems selbst kennen zu müssen. Das lässt sich am besten mit Fragen bewerkstelligen. Das können durchaus auch Fragen sein, die leicht zu beantworten sind, aber es kommt nicht darauf an, eine sinnvolle Antwort zu erhalten. Es ist entscheidend, dass sie dabei Typ 1 Denkprozesse anregen, die den Gemütszustand des Klienten positiv beeinflussen und neue Verhaltensweisen ermöglichen, die in dem ressourcenarmen Problemzustand nicht möglich wären. Solche Denkprozesse, bei denen man die gewohnten Pfade verlässt und Neuland betritt, werden durch Fragen, auf die es keine einfachen Antworten gibt, oft wesentlich nachhaltiger angeregt als durch Fragen, die ganz offensichtlich zu den üblichen Binsenweisheiten führen.

Dieses Vorgehen lässt sich hervorragend in Gespräche einbauen, ohne dass dabei offensichtlich wird, dass man nach unserem Standardschema das Problem wegputzt oder überhaupt gezielt auf die Veränderung des Problemzustandes hinarbeitet. Man zeigt einfach nur Interesse und stellt Fragen. Man gibt keine gut gemeinten Ratschläge oder Binsenweisheiten von sich.

Eine solche Frage könnte z.B. so aussehen:

„Ich frage mich, ob Ihnen bereits einmal bewusst geworden ist, welche Möglichkeiten Sie darüber hinaus noch nicht in Betracht gezogen haben, oder ob Sie das bisher eher unbewusst gemacht haben."

Denken Sie einfach mal an ein Problem, mit dem Sie sich schon längere Zeit beschäftigen, und dann stellen Sie sich diese Frage. Denken Sie wirklich über diese Frage nach. Im Grunde genommen handelt es sich um eine Frage nach zwei Alternativen: Hat man es bewusst oder unbewusst gemacht. Aber eingebettet in diese Frage ist die Frage nach alternativen Handlungsmöglichkeiten. Die Verneinung macht die Frage für den Kritischen Verstand etwas schwerer verdaulich. Der Zusatz „darüber hinaus" deutet an, dass man weiter suchen soll, egal wie viel man schon herausgefunden hat. Die Wörter „noch" und „bisher" implizieren, dass sich bald etwas ändern wird. Die Frage ist so aufgebaut, dass Sie einen Suchprozess nach Antworten in Gang setzt, aber keine schnelle Antwort, die dann auf die üblichen Binsenweisheiten rauslaufen würden, erwarten lässt. Erhält man dann doch so einen Schnellschuss, stellt man die Frage in ähnlicher Form noch einmal. Spielen Sie ruhig einmal mit dieser Frage. Verändern Sie z.B. einfach mal die Betonung einzelner Teile oder formulieren sie selbst einmal ähnliche Fragen. Und dann Testen sie diese Fragen an sich selbst und beobachten Sie, was sie in Ihnen auslösen.

Mit derartigen Fragen wollen wir die Aufmerksamkeit von Problem weg auf mögliche Lösungen hin fokussieren, und Typ 1 Denkprozesse anregen ohne den Kritischen Verstand zu involvieren. Und das sind genau die drei Dinge, die Hypnose ausmachen:

•Aufmerksamkeit fokussieren,
•Widerstand/Argumentation/Kritischen Verstand

umgehen,
•Typ 1 Denkprozesse anregen.

Wir selbst brauchen dann die Denkprozesse, die zu einem brauchbaren Zielzustand führen, nicht zu kennen. Wir müssen lediglich in der Lage sein, zu erkennen, ob unser Gegenüber einen solchen ressourcenreichen Zustand erreicht. Und das ist meistens gar nicht schwer. Man kann deutlich sehen, ob ein Mensch das Gefühl hat, auf dem richtigen Weg zu sein oder nicht. Sieht man keine positive Veränderung, dann startet man mit einer erneuten Frage den Suchprozess einfach neu.

TENDENZ ZUM MITTELWERT

guten Weg zu finden, ist gar nicht so schwer. Sie kennen den Spruch „Es ist so schlimm, es kann nur noch besser werden". An dem Spruch ist tatsächlich etwas Wahres dran. Sie haben die Statistik auf ihrer Seite.

Denken Sie sich eine Skala von 0 bis 10, die beschreibt wie gut eine bestimmte Strategie, mit Ihren Emotionen umzugehen, funktioniert. Bei 0 klappt das gar nicht und bei 10 ist alles prima. All die unterschiedlichen Arten, wie man auf Emotionen reagieren kann, sind über diese Skala verteilt. Wenn Sie mit dem, was Sie bisher gemacht haben, eher auf den unteren Werten lagen, und Sie machen das jetzt anders — egal wie — dann ist die Wahrscheinlichkeit dafür, dass es besser wird, sehr hoch. Es gibt einfach mehr Möglichkeiten es irgendwie besser zu machen, als Wege es noch schlechter hinzukriegen. Je schlechter Sie bisher damit klar gekommen sind, desto höher ist die Wahrscheinlichkeit, dass es besser wird, wenn Sie etwas ändern. Wenn Sie beim Spiel mit Würfeln eine 2 gewürfelt haben, dann ist die Wahrscheinlichkeit, dass Sie beim nächsten mal eine höhere Augenzahl würfeln, 4 mal so hoch, wie die Wahrscheinlichkeit, dass das Ergebnis noch niedriger ausfällt. Wenn es nicht besser wird, dann gehen Sie einfach in die nächste Runde. Ihre Erfolgsaussichten haben sich nämlich auch durch den Misserfolg verbessert, denn Sie können einen weiteren Weg, der nicht zum gewünschten Ergebnis führt, ausschließen. Sie wissen jetzt, wie man es nicht macht.

Dieses Prinzip wirkt allerdings auch umgekehrt. Wenn es schon wirklich gut geht, dann wird es immer schwerer, noch besser zu werden. Denken Sie an Hochleistungssportler. Es ist ziemlich einfach, sich ein wenig fit zu halten. Mit ein bisschen Anstrengung macht man auch im Sportverein eine gute Figur. Aber wenn man wirklich als Sportprofi an die Spitze will, dann muss man sein ganzes Leben darauf ausrichten. An der Weltspitze geht es dann nur noch um hundertstel Sekunden. Die Spitzensportler schinden sich unglaublich, um diesen klitzekleinen Vorsprung herauszuhohlen.

Behalten Sie das immer im Hinterkopf, wenn Sie daran arbeiten, irgendetwas zu verbessern. Sie können mit relativ geringem Aufwand gute Ergebnisse erzielen, aber wenn Sie Spitzenergebnisse erzielen wollen, dann müssen Sie sehr viel mehr dafür tun. Einfach nur motiviert zu sein, reicht dann nicht. Menschen die Spitzenleistungen bringen — egal auf welchem Gebiet — sind durchweg besessen. Und Sie sind in der Regel nicht auf ein Endergebnis fixiert, sondern es ist die Tätigkeit selbst, von der sie besessen sind. Wenn Sie Ihren Job wirklich gut machen wollen, dann müssen Sie die Arbeit selbst lieben. Ansonsten schinden Sie sich nur sinnlos und werden dabei nicht glücklich.

SPRACHLICHE FINESSE

Sprachmustern wird in der Hypnoseausbildung oft ein sehr hoher Stellenwert beigemessen. Oft wird dabei der Eindruck vermittelt, als hinge der Erfolg maßgeblich von diesen sprachlichen Kunstgriffen ab.

Als Hypnotiseur sprechen Sie mit Menschen, um sie zu hypnotisieren. Insofern ist Sprache selbstverständlich wichtig. Aber Sie sprechen Gefühle an und spielen mit der Fantasie und inneren Bildern. Sie verfassen keine Verträge oder Gesetzestexte, wo es auf jedes einzelne Wort ankommt. Sie fabrizieren keine anspruchsvolle Literatur und müssen keinen Literaturkritiker beeindrucken. Sie sind eher wie ein Geschichtenerzähler (Geschichten erzählen ist eine beliebte Hypnosetechnik) bei dem man natürliche einen sicheren und kreativen Umgang mit dem Medium Sprache erwartet. Aber viel wichtiger ist, dass man die Worte mit Leben erfüllt, ihnen Gefühl verleiht. Sie brauchen dabei nicht einmal sonderlich originell zu sein.

Entscheidend ist, dass Sie sicher auftreten, und sich der Situation entsprechend verhalten. Wenn Sie einen aufgebrachten Freund beruhigen, dann spielen Sie nicht den Therapeuten und in Ihrer Hypnosepraxis sollten Sie in der Regel nicht kumpelhaft werden. Wenn Sie ganz offen Hypnose mit einer formellen Induktion betreiben, dann sprechen und verhalten Sie sich anders, als wenn

Sie bei alltäglichen Problemen einfach die drei Punkte, die Hypnose ausmachen, im Hinterkopf behalten, ohne dabei überhaupt etwas spezielles zu tun, was den Namen „Technik" verdient hätte.

Machen Sie sich nicht zu viele Gedanken über die Feinheiten in der Sprache. Sehen Sie das eher als Zuckerguss. Wenn Ihre innere Einstellung stimmt, dann geht der Rest fast wie von selbst.

Es gibt natürlich ein paar Dinge, rein sprachlicher Natur, die Sie beherrschen müssen.

Sie müssen ohne Punkt und Komma reden können. Dabei müssen Sie nicht ständig etwas Neues sagen. Vielmehr müssen Sie in der Lage sein, immer wieder das Gleiche zu sagen, ohne sich dabei anzuhören, wie ein kaputter Plattenspieler. Sie brauchen dazu keine besondere Originalität. Sie brauchen nur gerade genug Kreativität aufzubringen, um ein wenig zu variieren. Sie wollen vermeiden, dass ihr Gegenüber merkt, dass Sie ihm immer wieder die gleichen Gedanken einhämmern. Dazu müssen sie nur ein klein wenig sprachgewandt sein. Es ist gar nicht schwer, über ein und den selben Gedanken stundenlang zu sprechen, ohne tatsächlich etwas Neues von sich zu geben. Wir machen das ständig. Wir wiederholen uns. Wir sagen dabei im Grunde genommen immer das gleiche. Aber wir drücken uns dabei immer anders aus. Aber solange wir dabei nicht jedesmal den gleichen Text runterleiern, merken die meisten Leute das nicht einmal. Und wir merken oft selbst nicht einmal, dass wir uns ständig wiederholen. Wenn wir über etwas nachgrübeln, gehen wir auch die selben Gedankengänge immer und immer wieder durch. Dabei formulieren wir unsere Gedanken oft überhaupt nicht einmal neu und merken es trotzdem nicht. Aber wenn wir Gedanken in Worte fassen, dann ist es wirklich hilfreich, wenn man die gleiche Idee immer wieder neu verpacken kann. Wenn Sie den gleichen Gedanken immer wieder in neuem Gewand präsentieren, dann ist das viel unauffälliger, als wenn Sie immer den gleichen Satz wiederholen. Sie hören sich nicht an, als wollten Sie jemanden hypnotisieren. Sie hören sich nicht an, als würden Sie immer wieder die gleiche Anweisung geben. Indem Sie sich ständig anders ausdrücken, erwecken Sie den Eindruck, als würden Sie über immer neue Ideen sprechen. Man kann die gleiche Idee auch in einen anderen Zusammenhang setzen, statt einfach nur den Satzbau und das Vokabular zu verändern. Wir kennen das von Komikern, dass sie bestimmte Sprüche in immer neuen Situationen bringen. Der Witz liegt dann in der Wiederholung, aber es kommt uns nicht wie eine Wiederholung vor. In unseren Lieblingsliedern kommt es meistens auf den Refrain an, den Teil des Songtextes, der immer mehr oder weniger gleich wiederholt wird. Aber dazwischen kommen die Strophen, die sich voneinander unterscheiden, und den Refrain immer wieder neu und anders erscheinen lassen. Aber der Refrain bleibt immer fast derselbe. Entscheidend ist, dass das Ganze so verpackt ist, dass die Wiederholung nicht stört. Wenn Sie den Kontext ändern, können Sie den Sinngehalt fast unverändert wiederholen und trotzdem wieder neu erscheinen lassen. Sie sind damit nicht nur auf sprachliche Mittel angewiesen, um zu verschleiern, dass sie nicht wirklich etwas neues mitzuteilen haben. Sie wollen nicht durch Originalität glänzen, Sie wollen eine Wirkung erzielen. Wiederholung hilft dabei. Aber man muss geschickt dabei vorgehen, damit es nicht zu offensichtlich wird.

Ich kann es nicht oft genug wiederholen: Sie müssen in der Lage sein, immer wieder das gleiche zu sagen, ohne dass es all zu sehr auffällt.

Wenn ich sage, Sie müssen ohne Punkt und Komma reden können, dann heisst das nicht, dass Sie während der Hypnose tatsächlich ohne jegliche Pause reden sollen. Es gibt Situationen, wo es indertat hauptsächlich darum geht, Ihr Gegenüber derart zuzutexten, dass er keine Möglichkeit mehr hat, einen eigenen Gedanken zu fassen. Aber z.B. gerade wenn Sie mit jemandem in einer tiefen, entspannten Trance arbeiten, müssen Sie ihm genügend Zeit lassen, um das, was Sie ihm anbieten, auch nachzuvollziehen. Wenn Sie beschreiben, wie es sich anfühlt, wenn man am Strand in der Sonne liegt, und all die unterschiedlichen Sinneswahrnehmungen aufzählen, dann müssen Sie jeweils genügend Zeit lassen, um auch tatsächlich die angenehme Wärme oder die erfrischende Brise fühlen zu können. Wenn Sie keine ausreichenden Pausen lassen, dann stören Sie mehr, als das Sie helfen. Am besten ist, Sie orientieren sich beim Sprechen an der Atmung Ihres Partners. Wenn Sie im gleichen Rhythmus atmen, beim Ausatmen sprechen und beim Einatmen pausieren, dann können sie nicht viel falsch machen. Der Rhythmus unseres Denkens hängt mit unserem Atemrhythmus zusammen. Hecheln Sie einmal, wie ein Hund, dem es zu warm ist, und versuchen Sie dabei einen längeren Satz zu formulieren. Selbst wenn Sie nicht versuchen, ihn laut auszusprechen, sondern den Satz nur in Gedanken formulieren, werden Sie feststellen, dass Ihnen das überraschend schwer fallen wird. Wenn Sie stattdessen ruhig durchatmen, fällt Ihnen das viel leichter.

Aber auch wenn Sie in der Praxis meistens alle Zeit der Welt haben, um den nächsten Satz zu formulieren, sollten Sie dennoch üben, diese Formulierungen so schnell wie möglich zu fabrizieren, ohne darüber nachdenken zu müssen.

Dann sollten Sie in der Lage sein, Sätze nicht nur einfach aneinander zu reihen, sondern sie miteinander zu verknüpfen. Damit wollen Sie erreichen, dass der Eindruck eines sinnvollen Zusammenhanges entsteht. Wenn Sie es schaffen, Anweisungen, die Sie geben, als natürliche Folge von wahrnehmbaren Fakten hinzustellen, dann reduzieren Sie die Möglichkeit, dagegen Widerstand zu leisten, ganz erheblich.

Betrachten Sie einfach mal die folgenden Anweisungen.

> Sitzen Sie still.
> Konzentrieren Sie sich auf Ihren Atem.
> Spüren Sie den Stuhl, auf dem Sie sitzen.
> Fühlen Sie sich sicher.
> Hören Sie das Ticken der Uhr an der Wand.

Lassen Sie Ihre Gedanken schweifen.
Entspannen Sie sich jetzt.
Entspannen Sie sich, wenn Sie Stress haben.

Das sind einfache, klare Anweisungen. Jemand, der Erfahrung mit Entspannungsübungen hat, wird diesen Anweisungen ohne Mühe folgen können und auch keinen Widerstand leisten (vorausgesetzt, er ist grundsätzlich damit einverstanden, sich jetzt zu entspannen). Aber die meisten Leute, hätten vermutlich Probleme mit diesen Anweisungen.
Anweisungen haben zwei entscheidende Probleme: Man kann sich weigern und man kann versagen. Bei dieser Liste von Anweisungen kommt noch dazu, dass sie etwas zusammenhanglos zusammengewürfelt erscheinen.

Formulieren wir das einmal um:

Sie brauchen nichts zu tun. Sie brauchen nicht zu reden. Sie können einfach ruhig da sitzen. **Und während** Sie die richtige Sitzposition finden, **und** den Stuhl, auf dem sie sitzen, spüren, merken Sie **vielleicht**, wie Ihre Atmung sich **wie von selbst** verändert. Sie können spüren, wie Ihre Atmung beginnt, etwas ruhiger zu werden **und** wie Sie **mit jedem** Ausatmen fester und sicherer auf Ihrem Stuhl sitzen. **Wenn Sie**, die Sitzfläche unter sich spüren, **dann wissen Sie,** dass Sie hier in Sicherheit sind und sich entspannen können. **Und während** Sie hier sitzen, und sich **mit jedem Ausatmen** noch ein

kleines wenig mehr entspannen können, hören
Sie das Ticken der Uhr an der Wand **und** das
Läuten des Kirchturmes von draußen. Ihr Atem,
das Ticken der Uhr und die Kirchenglocken
haben alle ihren eigenen Rhythmus, aber passen
doch so gut zusammen. Das ist **irgendwie** fast
wie Musik. **Und dabei** kann man so schön seine
Gedanken schweifen lassen und sich
entspannen. Ja, genau. **Und wenn Sie** sich hier
so einfach entspannen können, ohne etwas dafür
tun zu müssen, **dann bedeutet das**, dass Sie das
überall können. **Jedes mal, wenn** Sie merken,
dass Sie früher in dieser Situation **ein wenig**
gestresst gewesen wären, können Sie sich
einfach entspannen.

Ich habe mehrere Dinge mit den Anweisungen
angestellt. Ich habe aus den knappen harten
Hauptsätzen einen fließenden Text mit Haupt und
Nebensätzen gemacht. Und dabei habe ich die einzeln
stehenden Anweisungen miteinander in Zusammenhang
gebracht. Das sind zunächst nur zeitliche
Zusammenhänge. Während das eine passiert, bemerkt
man das andere. Aber wenn wir nicht drüber
nachdenken, dann behandeln wir zeitliche
Zusammenhänge oft wie Ursache und Wirkung. Die
Sonne scheint und die Blumen blühen — die blühen
aber auch, wenn es bewölkt ist. Das machen wir zuerst
mit Wahrnehmungen, die man schlecht wegleugnen
kann. Man atmet und die Uhr tickt und man nimmt das
wahr. Das stimmt alles, und man kann nicht anders als
zuzustimmen.

Wir knüpfen ein Netz aus offensichtlich wahren Aussagen.

Wenn man das ausgiebig getan hat (das kurze Beispiel kann man beliebig aufblasen), dann beginnt man allmählich, Dinge einzubauen, die nicht mehr ganz so offensichtlich dazu passen, und die vielleicht sonst nicht so ganz ohne weiteres akzeptiert würden.

Etwas überspitzt formuliert, behaupte ich in diesem Beispiel: Sie können sich hier in dieser beschützten, sicheren Umgebung mit meiner Hilfe entspannen. Daraus folgt, dass Sie das das auch können, wenn Ihnen in einer Stresssituation die Fetzen um die Ohren fliegen. Wenn man das so formuliert und die nötigen Vorarbeiten weglässt, dann kommen höchstwahrscheinlich Zweifel auf, ob das wirklich möglich ist. Aber für jemanden, der sich gerade so wunderbar entspannt fühlt, und der Vertrauen gefasst hat, weil alles, was man ihm bisher gesagt hat, genau den Punkt getroffen hat, ist das nicht mehr schwer zu akzeptieren.

Zusätzlich habe Ich einige Füllwörter hinzugefügt, die den Anweisungen oder Aussagesätzen die Schärfe nehmen sollen:

    vielleicht

     etwas

    beginnen

    wie von selbst

    ein wenig

Das Wort „vielleicht" benutzen wir häufig (oft zusammmen mit dem Konjunktiv), wenn wir jemanden bitten, etwas zu tun. Oft verbinden wir das aber mit einer gewissen Gereiztheit und einem entsprechend genervten Tonfall.

Lesen Sie folgenden Satz: „Könntest du vielleicht die Tür zumachen?" Hören Sie nicht förmlich den aufgestauten Ärger? Die Worte allein machen's nicht. Die Innere Einstellung ist entscheidend.

Wenn man jemanden um etwas bittet, oder eine Anweisung gibt, dann sollte man daraus tunlichst keine große Sache machen. Sie wollen die Angelegenheit nicht künstlich aufblasen. Im Idealfall hört sich das dann nicht mal wie eine Bitte oder eine Anweisung an. Stellen Sie sich vor, sie haben ein Kind, dass sie dazu bringen wollen, etwas für die Schule zu tun.

Bei vielen Eltern hört sich das so an: „Ich frage Dir jetzt gleich die Vokabeln ab. Wehe Du kannst die wieder nicht. Dann werde ich echt sauer. Und Bruchrechnen müssen wir auch noch üben. Das kannst Du ja überhaupt nicht. Wie willst Du denn das Schuljahr schaffen, wenn Du nie was tust. Und dann räumst Du gefälligst Dein Zimmer auf".

Viel leichter fällt es allen Beteiligten, wenn man das so angeht: „Wollen wir erst eben die Vokabeln wiederholen oder zuerst ein bisschen Bruchrechnen üben?"

Keine große Sache, kein schlechtes Gewissen, keine schlechte Laune. Man lässt dem Kind sogar die Wahl, was es zuerst machen will (und verschleiert dabei, dass man Ihm dabei nur die Wahl lässt, entweder zu lernen oder zu lernen).

Auch hier ist die innere Einstellung entscheidend. Wenn Sie selbst das kalte Grausen packt, wenn Sie daran denken, was noch alles zu tun ist, dann wird es Ihnen dementsprechend schwer fallen, Ihr Kind zu motivieren, mit Spaß zu lernen. Wenn Sie die richtige Einstellung haben, dann kommen Sie auch ohne diese taktischen Manöver aus. Dann funktioniert irgendwann auch ein fröhliches: „Komm. Bruchrechnen und Vokabeln."

Das Wort „beginnen" scheint in der Auflistung mit den anderen Begriffen, die den Aussagesätzen die Schärfe nehmen sollen, auf den ersten Blick etwas deplatziert. Es passt aber in mancherlei Hinsicht durchaus dazu. Wenn wir sagen, dass etwas „beginnt" oder „anfängt", dann implizieren wir mehrere Dinge auf einmal. Wir drücken damit aus, dass es bereits die ersten Anzeichen gibt, aber der Prozess noch nicht voll im Gange ist. Aber das kommt noch. Das wird passieren. Wir kombinieren mit dieser Formulierung das Zugeständnis, dass die Wahrnehmung noch nicht stark und deutlich ist, mit dem Versprechen, dass sich das schnell ändern wird.

Ein Thema, das in keiner Hypnoseausbildung fehlt ist das Problem mit der Verneinung. Man soll Verneinungen vermeiden, weil der Unbewusste Verstand Verneinungen angeblich nicht versteht. Das beruht wieder auf dem Bild vom Unbewussten, das immer noch durch Freuds Begriff vom Unterbewusstsein geprägt ist. Oben ist das Bewusstsein und schwimmt auf dem dunklen, unendlich tiefen Ozean des Unterbewusstseins. Und das Unterbewusste folgt ganz anderen, geheimnisvollen Regeln als das Bewusstsein.

Aber wir müssen keine Theorien über ein geheimnisumwittertes Unterbewusstsein aus dem vorigen Jahrhundert bemühen um auf gewisse Probleme mit Verneinungen zu stoßen. Diese Probleme lassen sich jederzeit am Bewussten Verstand demonstrieren und sie werden dieses Beispiel auch so in fast jedem Buch oder Lehrgang über Hypnose finden, wenn es um Verneinungen geht:

Denken Sie nicht an einen rosa Elefanten.

Das funktioniert so selbstverständlich nicht. Natürlich denken Sie an einen rosa Elefanten, wenn ich ihn erwähne. Aber das hat nichts mit einem geheimnisvollen Unbewussten zu tun, sondern hängt damit zusammen, wie man Aufmerksamkeit lenken kann. Man kann Aufmerksamkeit nicht einfach von etwas ablenken, ohne ein anderes Ziel anzubieten. Es ist ganz einfach, Menschen dazu zu bringen, nicht an rosa Elefanten zu denken. Man muss ihnen einfach etwas anderes anbieten, worüber sie nachdenken können. Natürlich sollte die betreffende Person nicht merken, dass Sie sie ablenken, sonst funktioniert das nicht. Wenn ich Sie jetzt bitte, den Rosa Elefanten zu vergessen und stattdessen an eine grüne Katze zu denken, dann funktioniert das nicht.

Wenn jemand Schmerzen hat, dann raten wir ihm oft,

den Schmerz zu ignorieren und lieber an etwas schönes zu Denken. Das ist zwar genau das, was wir erreichen wollen, aber wir tun ihm keinen Gefallen damit, diese Vorgehensweise transparent zu machen.

Nun wissen wir auch, dass gerade Dinge, die wir nicht tun sollen, durch dieses Verbot erst interessant werden. Denn wenn es nicht so interessant wäre, dann müsste es ja nicht extra verboten werden. Wenn Sie ein Rasen-Betreten-Verboten-Schild sehen, spüren Sie da nicht auch den Drang, zumindest einmal kurz auf den Rasen zu treten?
Genau so ist es mit Geheimnissen. Es gibt so viele Dinge, die wir über unsere Mitmenschen nicht wissen, und die uns auch nicht die Spur interessieren. Aber ein Geheimnis? Da wird man hellhörig. Das macht neugierig. Das will man unbedingt herauskriegen. Wenn man dann herausfindet, worum es bei dem Geheimnis ging, ist man dann meistens ziemlich enttäuscht. Die Lösung ist meistens wirklich langweilig im Vergleich zum Geheimnis, das wir darum gemacht haben.

Aber es gibt noch grundlegendere Probleme mit Verneinungen. Verneinungen funktionieren mit Sprache ganz einfach. Aber wenn wir z.B. bildlich denken, dann stoßen wir auf Probleme:
Denken sie einmal an einen Freund. Und jetzt stellen Sie sich vor, Ihr Freund sei Feuerwehrmann. Vermutlich verbinden Sie diese Vorstellung mit einem Bild von Ihrem Freund in Feuerwehruniform. Aber wie sieht ein Bild aus zu der Vorstellung, dass Ihr Freund kein

Feuerwehrmann ist?

Ich hatte genau dieses Problem vor einigen Jahren. Ich hatte irgendwie die fixe Idee, dass ein Freund von mir bei der Freiwilligen Feuerwehr sei. Er hatte irgendwann mal geäußert, dass er mit dem Gedanken spielte, sich da zu melden und ich hatte seitdem dieses Bild von ihm in Feuerwehruniform im Kopf. Ich hatte ihn dann im Lauf der Zeit wohl mehrere Male gefragt, wie es dann so bei der Feuerwehr liefe und er hatte dann wohl ein paarmal geantwortet, dass er das mit der Feuerwehr doch nicht gemacht hätte. Aber ich habe das jeweils wieder vergessen. Das Bild von meinem Freund in Feuerwehruniform hatte ich aber weiterhin im Kopf. Das ganze ging so weiter, bis er irgendwann einmal etwas heftiger reagierte und mich fragte, wie ich denn auf die bescheuerte Idee käme, er sei bei der Feuerwehr und er habe mir schon zigmal gesagt, dass dem nicht so sei.

Ich war dann doch etwas verwirrt. Ich hätte Stein und Bein schwören können, dass er bei der Feuerwehr war. Ich hatte doch dieses Bild so deutlich vor Augen. Ich habe ihn ein paar Tage später extra noch einmal gefragt, ob er wirklich nicht bei der Feuerwehr sei.

Die Lösung des Problems war: Ich habe das Bild in meiner Vorstellung mit einem dicken roten Stift durchgestrichen. Wenn ich nun dieses Bild von meinem Freund in Uniform sah, dann war es dick rot durchgestrichen. Und das hat dann tatsächlich funktioniert. Ich hatte nun ein Bild im Kopf, dass mit der Realität übereinstimmte. Mein Freund war nicht bei der Feuerwehr.

Das ganze ist wie gesagt ein paar Jahre her. Mein

Freund ist inzwischen übrigens wirklich bei der Freiwilligen Feuerwehr.

Sätze kann man verneinen, Bilder kann man durchstreichen. Aber wie macht man das bei Gerüchen oder bei Körperempfindungen? Auch bei Handlungen stoßen wir auf Probleme. Wie beschreibt man „Nichtraucher" ohne Verneinung? Es gibt da einen Versuch, das „Rauchfrei" zu nennen. Aber im Grunde genommen, gehen wir doch wieder vom Rauchen aus und sagen dann, dass wir es nicht mehr tun müssen.

Ob man derartige Wortschöpfungen benutzen will, hängt unter anderem vom Kontext ab. In der Werbung ist das durchaus üblich. Aber haben sie in einer Unterhaltung mit Freunden schonmal gesagt: „Das riecht aber aprilfrisch". Bei dem Begriff wissen Sie sofort, dass er aus der Werbung stammt, und vermutlich wissen Sie auch, um welches Produkt es geht. Politikern unterstellen wir gerne, dass sie bestimmte Formulierungen verwenden, um zu verschleiern, dass Sie im Grunde genommen gar nichts zu sagen haben. Dann gibt es Formulierungen, bei denen wir genau wissen, dass sie eine ganz bestimmte Wirkung auf unser Denken haben sollen. Das wird auch nicht bestritten, sondern ist erklärtes Ziel dieser Wortakrobatik. Ich spreche vom politisch korrekten Jargon. Da wird man z.B. aufgefordert, bei allen Personenbezeichnungen nicht nur die männliche sondern auch die weibliche Form zu benutzen. Wenn Sie einen Artikel in einer Student/innen Zeitung schreiben, dann kommen sie nicht darum herum, sich an diese Regel zu halten. Sie kennen vermutlich den Witz mit der Salzstreuerin. Statt „Behinderte" soll man z.B. „Menschen mit Behinderungen" sagen.

Das Problem ist, dass hier ganz offen durch die Sprache das Denken beeinflusst werden soll. Und dabei wird Druck auf diejenigen ausgeübt, die bei diesem Spiel nicht mitmachen wollen. Und das weckt gerade den Widerstand, den wir in der Hypnose vermeiden wollen. Ich möchte nicht wissen, wie viele Menschen, die zurechtgewiesen werden, wenn sie „Behinderter" sagen, plötzlich insgeheim den Drang verspüren, ganz laut „Krüppel" zu brüllen.

Mein Rat kann daher nur lauten: Vergewaltigen Sie nicht die Sprache, um Wirkung zu erzielen. Seien Sie sich immer des Kontextes bewusst, in dem Sie sich gerade bewegen und orientieren Sie sich an der Wortwahl ihres Gesprächspartners.

Und machen Sie sich wirklich nicht zu viele Gedanken über die Sprache.

Sprache ist ein wichtiges Werkzeug, das Sie natürliche beherrschen müssen. Aber viel wichtiger ist, dass Sie die richtige innere Einstellung haben und sich an unseren drei Grundprinzipien orientieren (Aufmerksamkeit fokussieren, Widerstand vermeiden, Typ 1 Denkprozess anregen) anstatt den Besserwisser zu spielen oder sich auf Diskussionen einzulassen. Wenn Sie sich darüber im klaren sind, dass es um das Fühlen und Erleben geht, und nicht um Argumente, und dass Sie die gewünschte Veränderung nicht nur beschreiben, sondern in einem gewissen Rahmen auch vormachen können, dann erledigt sich das mit der

Sprache weitestgehend von selbst.

Wenn Sie mit Freunden sprechen und Geschichten erzählen, dann denken Sie auch nicht über jedes einzelne Wort nach.

Aber trainieren Sie ruhig ihre Sprachfähigkeiten. Sie können Trockenübungen machen. Nehmen Sie sich einen beliebigen einfachen Satz und bauen einfach mehrere unterschiedliche Formulierungen. Machen Sie das ruhig auch mit Sätzen, die Sie so auch in einer Hypnosesitzung verwenden würden.

> Atmen Sie ruhiger.
> Ihr Atem wird ruhiger.
> Ihr Atem beginnt, etwas ruhiger zu werden.
> Ihr Atem verändert sich… und wird etwas ruhiger.
> Sie können spüren, wie ihr Atem ruhiger wird.
> Haben Sie gemerkt, wie Ihr Atem ruhiger wird?
> Und während Sie vielleicht merken, wie ihr Atem schon etwas ruhiger geworden ist, wird ihnen vielleicht bewusst, dass Sie sich noch tiefer entspannen können.
> Es ist so angenehm, einfach ruhig zu atmen und die Entspannung zu genießen.

Machen sie diese Übung auf unterschiedliche Art und Weise. Machen Sie das sowohl schriftliche als auch mündlich. Wenn Sie die Texte schreiben, dann können Sie besser an den Details feilen. Wenn Sie die Texte völlig improvisiert auf Band sprechen, werden Sie aber merken, dass da viele Dinge, die in Schriftform unangenehm auffallen würden, überhaupt nicht ins Gewicht fallen. Wenn Sie jeden dritten Satz mit dem gleichen Wort anfangen, dann sticht das bei einem geschriebenen Text unangenehm ins Auge. Wenn wir miteinander sprechen, merken wir das meistens gar nicht.

Wenn Sie die Sätze sprechen oder ganze Texte improvisieren, dann nehmen Sie sich dabei auf. Hören Sie sich die Aufnahmen an und achten Sie dabei darauf, wie das jeweils auf Sie wirkt. Sie werden dabei feststellen, dass die Wirkung besser wird, wenn Sie etwas langsamer sprechen als normal, und zwischen den einzelnen Satzteilen etwas längere Pausen lassen.

Denken Sie an die Übung zur inneren Einstellung und das Kapitel über das Vormachen. Sprechen oder schreiben Sie einfach über Dinge, die Sie gern tun. Dinge die Aufregend sind oder bei denen Sie sich einfach entspannen können. Und benutzen Sie das bei Ihren Sprachübungen. Versetzen Sie sich in die entsprechende Situation und gehen Sie dann einfach die unterschiedlichen Sinneswahrnehmungen durch, die Sie dabei haben. Dann haben Sie genügend Stoff zum reden. Und schließlich beschreiben Sie ja auch keinen statischen Zustand. Sie beschreiben, wie sich der Zustand und die Wahrnehmungen verändern. Wenn Sie die Entspannung am Strand beschreiben, dann fangen Sie vielleicht damit an, wie Sie am Strand ankommen, wie Sie Vorfreude empfinden, aber in Gedanken vielleicht noch bei der Arbeit sind und enden dann irgendwann mit der tiefen Entspannung — und dann geht der Spaß erst los. Denn dann können Sie anfangen, über die Fantasiereisen zu sprechen, die man in diesem entspannten Zustand unternehmen kann.

Sie müssen bei diesen Übungen nicht über die einzelnen Formulierungen nachdenken. Sagen Sie, was Ihnen in den Sinn kommt.
Sie müssen keine exakten Beschreibungen abgeben. Sie verfassen schließlich keinen Bericht und auch keine Wissenschaftliche Arbeit. Ganz im Gegenteil: Sie wollen genügend Raum für die eigenen Vorstellungen ihrer Zuhörer lassen.

Zum Üben müssen Sie dabei nicht einmal sinnvolle Texte fabrizieren. Produzieren Sie z.B. mal ganz bewusst Unsinn und konzentrieren sich einfach darauf, die sprachlichen Mittel anzuwenden:

> Der Mond scheint mit diesem ganz bestimmten Glanz **und** die Erdbeeren blühen. **Wenn** Sie die Erdbeeren blühen sehen, **dann** wissen Sie **vermutlich bereits**, dass Sie niemals allein sein müssen. **Und** Sie können sich darüber freuen. **Denn das bedeutet,** dass auch morgen ein Flugzeug nach Lissabon starten wird. **Jedes mal wenn** Sie den Mondschein bemerken, wissen Sie **insgeheim**, dass da jemand ist, der wirklich für Sie da ist. Und **weil** Ihnen das bewusst wird, können Sie **allmählich beginnen**, die Leiter zu erklimmen, die zum Kiosk um die Ecke führt. **Vielleicht** setzen Sie erst einen Fuß auf die unterste Sprosse....

Wenn Sie versuchen, Unsinn zu fabrizieren, dann werden Sie feststellen, dass das gar nicht so einfach ist. Wir fabrizieren den ganzen lieben Tag lang sinnvolle Sätze. Das geht praktisch wie von selbst. Wenn wir dann bewusst Unsinn reden wollen, dann müssen wir uns geradezu anstrengen, Objekte zu finden, die nicht zu den bereits verwendeten passen. Und bei Texten, die wir lesen, oder Äusserungen, die wir hören, sind wir so daran gewöhnt, dass sie sinnvoll sind, auch wenn sich der Sinn nicht immer sofort für uns erschließt.

Der Aufbau des Textes tut dann sein übriges. Wenn Sie mein kurzes Beispiel, oder die unsinnigen Texte, die Sie selbst fabriziert haben noch einmal durchgehen, dann werden Sie merken, dass sie irgendwie doch einen tieferen Sinn zu offenbaren scheinen und manchmal sogar durchaus poetische Züge annehmen.

Wenn Sie schon derartige Ergebnisse erzielen, obwohl sie geradezu krampfhaft versuchen, Quatsch zu reden, dann können Sie sich vielleicht vorstellen, wie viel leichter das wird, wenn Sie sich stattdessen einfach gestatten, etwas Sinnvolles zu sagen.

Für den Anfang reicht es, wenn Sie sich einfach nur der Stilmittel bedienen, die ich in diesen Beispielen benutz habe. Schreiben Sie die Wörter und Redewendungen auf kleine Karteikarten, mischen Sie sie durch und ziehen ein paar davon. Dann fangen Sie einfach an, zu sprechen oder zu schreiben und bauen die Sprachkarten, die Sie gezogen haben, einfach mit ein. Fangen Sie wirklich ganz einfach an. Machen Sie es sich nicht unnötig schwer. Üben Sie jeden Tag ein wenig. Ein halbes Dutzend Redewendungen, die Sie hier und da einstreuen, sind für den Anfang mehr als genug. Dann können Sie nach und nach Ihr Repertoire erweitern. Lesen Sie Hypnoseskripte, die Kollegen von Ihnen verfasst haben. Da können Sie sich viele Anregungen holen. Es gibt auch zahlreiche Bücher über Hypnose, die sich ausgiebig mit diesen sprachlichen Mitteln auseinandersetzen.

Aber behalten Sie dabei immer im Hinterkopf, dass die Sprache für den Hypnotiseur ein Werkzeug ist und nicht Selbstzweck. Sie müssen in der Lage sein, mit einem Hammer einen Nagel in die Wand zu schlagen. Niemand verlangt von Ihnen, dass Sie mit Kettensägen jonglieren.

Ich kann nur noch einmal wiederholen: Machen Sie sich nicht zu viele Gedanken über die Sprache.

SMARTE ZIELSETZUNG

Ein wichtiger Unterschied zwischen Hypnose und der
Art und Weise, wie wir täglich mit unseren
Mitmenschen kommunizieren, ist die klare Zielsetzung,
die Sie bei der Hypnose immer im Auge behalten
müssen, während wir bei den meisten sozialen
Interaktionen im Alltag meistens keinen Plan haben,
dem wir stringent folgen. Deshalb handeln wir uns im
Alltag oft auch völlig unnötige Probleme ein.
Anstatt einen netten gemeinsamen Abend zu
verbringen, wie man es eigentlich vorgehabt hatte,
fängt man an, sich über Nichtigkeiten zu streiten. Man
verliert das ursprüngliche Ziel aus den Augen, und tut
genau das Gegenteil von dem, was man vorgehabt hat.
Meistens wird man sich dessen erst bewusst, wenn das
Kind bereits in den Brunnen gefallen ist. Wohl kaum
jemand wird in einer derartigen Situation kühl und
bewusst eine Planänderung formuliert haben: „Ich hatte
ursprünglich vorgehabt, einen schönen Abend mit
meinem Partner zu verbringen. Diesen Plan gebe ich
auf. Wir werden jetzt stattdessen alle angestauten
Aggressionen der letzten 2 Wochen aneinander
auslassen." Würde man das bewusst so formulieren,
dann würde man sofort merken, dass das ein wirklich
blöder Plan ist. Aber man plant es nicht bewusst. Man
tut es einfach.

Als Hypnotiseur muss man immer ein klar definiertes Ziel vor Augen haben. Wenn man ein schönes Abendessen mit dem Partner geplant hat, und der schlecht gelaunt nach Hause kommt, dann arbeitet man gezielt daran, seine Laune zu verbessern und unterlässt alles, was die Laune noch verschlechtern könnte. Natürlich will man auch als Hypnotiseur flexibel bleiben und nicht erstarrt in Nibelungentreue an einer überkommenen Zielsetzung festhalten, die jeglichen Sinn und Zweck verloren hat. Aber es ist wichtig, dass man sich der Planänderung bewusst ist, und dabei auch die eigenen Motive und Emotionen im Blick behält.

Für Hypnose im Rahmen von Psychotherapie gilt das natürlich besonders. Therapie muss immer zielgerichtet sein. Das gilt grundsätzlich und ist völlig unabhängig davon, welcher Therapiemethode man sich bedient. Wenn ein Klient einen Therapeuten aufsucht, hat er meistens die Probleme und ihre Auswirkungen vor Augen. Er hat aber oft nur sehr ungenaue Vorstellungen davon, was er eigentlich mit der Therapie erreichen will. Er will halt, dass es irgendwie wieder „normal" wird. Daher muss zunächst einmal geklärt werden, was denn nun genau das Ziel sein soll, auf das man gemeinsam hinarbeiten will.

Dabei kann auch bereits Hypnose sehr Hilfreich sein. Und dabei geht es dann keineswegs darum, dem Klienten zu suggerieren, welche Ziele er sich vornehmen soll. Im Gegenteil: Der Hypnosetherapeut hat dabei lediglich die Aufgabe dem Klienten zu helfen, einen Gemütszustand zu erreichen, in dem er überhaupt erst in der Lage ist, vernünftige Entscheidungen zu treffen. Sie sagen dem Klienten nicht, wie er sein Leben zu leben hat. Sie verhelfen ihm lediglich dazu, dass er das selbst herausfinden kann.

Es gibt viele Methoden, die dabei helfen sollen, die eigenen Gedanken zu ordnen und herauszufinden, wo man die Prioritäten setzen will. Man kann Pro-und-Contra-Tabellen anlegen, oder Plus- und Minuspunkte vergeben und gegeneinander aufrechnen. Dann gibt es noch Mindmaps und unzählige andere Methoden, die durchaus hilfreich sein können. Aber die wichtigste Voraussetzung dafür, dass man gute Entscheidungen fällen kann, ist ein emotionaler Zustand, der das zulässt. Wenn man deprimiert, frustriert oder verzweifelt ist, dann helfen auch solche Ordnungssysteme nicht weiter. Wenn man die Zuversicht hat, dass man sich entscheiden können wird , und soweit mit sich im Einklang ist, dass man sein eigenes Bauchgefühl wahrnehmen kann, braucht man dann meistens diese Hilfsmittel nicht mehr. Man kommt dann einfach ohne diese Krücken aus. Und oft braucht man dann auch keine weitere Therapie mehr, sondern schafft den Rest auch allein.

Aber auch wenn man keine Tabellen anlegen möchte oder Argumente gegeneinander aufrechen will, und sich stattdessen einfach auf seine Bauchgefühl verlassen will, wenn man sich Ziele setzt, sollte man dabei doch ein paar wichtige Punkte beachten und sich immer bewusst vor Augen führen.:

Das Ziel sollte nicht zu weit gefasst sein, sondern sich auf einen eingegrenzten Bereich beziehen. Es hilft nicht, zu sagen: Ich will einfach alles besser machen und mein Leben in den Griff kriegen. Das ist zu allgemein, umfasst zu Vieles. Solche zu weit gefassten Ziele muss man gegebenenfalls in mehrere untergeordnete Ziele aufteilen, die man dann genauer beschreiben kann, z.B.: Ich will einen besser bezahlten Job finden, der meinen Qualifikationen entspricht.

Man sollte außerdem in der Lage sein, zu erkennen, wann man das Ziel erreicht hat. Sonst läuft man Gefahr, nie das Gefühl zu haben, etwas erreicht zu haben. Es ist in diesem Zusammenhang wenig hilfreich, sich als Ziel zu setzen, „glücklicher" oder „irgendwie normal" zu sein, wenn man nicht weitere Kriterien angeben kann, die dieses Glück oder die Normalität näher bestimmen. Denn was wir für „glücklicher" oder „normal" halten, hängt nicht ganz unwesentlich davon ab, wie wir uns gerade fühlen. Wenn wir uns verändern, verändern sich neben unseren Maßstäben auch unsere Erinnerungen. Wenn es nach einer Zeit der Niedergeschlagenheit wieder bergauf geht, legen wir nicht nur die Messlatte dafür, was es bedeutet „glücklicher" zu sein, höher. Wir vergessen auch sehr schnell, wie schlecht wir uns noch vor kurzem gefühlt haben. Wenn wir dann unsere geschönte Erinnerung mit dem in weitere Ferne gerückten Ziel vergleichen, haben wir dann oft das Gefühl, kein Stück weiter gekommen zu sein.

Wenn man näher bestimmen soll, was es heisst „glücklicher" zu sein, dann kann man z.B. festlegen, dass man in bestimmten Situationen, in denen man sonst ganz bewusst wahr genommen hat, dass man sich unglücklich fühlt, nun bewusst wahrnimmt, sich glücklich zu fühlen. Und auch dieses Glücksgefühl sollte man noch genauer definieren: man hat z.B. eine aufrechte Körperhaltung, kann tief und entspannt durchatmen und spürt ein Lächeln. Man sollte also möglichst eindeutige „Messanweisungen" festlegen, um einen Maßstab dafür zu haben, ob man sein Ziel erreicht hat.

Wenn man den Erfolg in Form eines Zahlenwertes ablesen kann, dann macht das die Sache durchaus einfacher und vor allem auch anschaulicher. Man kann dann sehen, wo man steht. Sportler messen ihren Erfolg an Zahlenwerten, sei es nun eine Bestzeit, oder die Höhe beim Stabhochsprung oder eine Punktzahl.

Textverarbeitungsprogramme, die sich speziell an Autoren längerer Texte richten, haben dafür entsprechende Wortzähler eingebaut. Man kann einstellen, dass man z.B. 700 Wörter am Tag schreiben will, und das Programm zeigt einem eine Balkengrafik, an der man ablesen kann, wie weit man noch von diesem Ziel entfernt ist. Ein Buch zu schreiben, ist nicht so sehr eine Frage des Talents oder der Eingebung. Man muss gewisse Grundfertigkeiten mitbringen, und dann muss man sich tatsächlich hinsetzen und schreiben — und zwar regelmäßig. Ein klar definiertes Ziel, das man jeden Tag aufs Neue verfolgt, ist extrem Hilfreich dabei.

Und auch die Anziehungskraft von Spielen wie z.B. World of Warcraft beruht zu einem nicht unerheblichen Teil darauf, dass man ganz klare Kriterien hat, an denen man erkennen kann, was man schon alles erreicht hat. Für alles, was man in derartigen Spielen tut, gibt es Punkte, die aufaddiert werden. Die Qualität von Schätzen und Ausrüstungsgegenständen wird in Zahlenwerten ausgedrückt. Die Fähigkeiten der Spielfiguren werden durch einen Zahlenwert ausgedrückt. Und auch sonst ist in diesen Spielen alles klar und eindeutig geregelt. Wenn man eine Auftrag erhält, dann hat man eine Liste, wo Punkt für Punkt aufgezählt ist, welche Gegenstände man besorgen muss oder welche Gegner man besiegen soll. Wenn man diese Liste abgearbeitet hat, dann wird man vom Auftraggeber gelobt und erhält seine Belohnung.

Diese Klarheit vermissen wir oft im richtigen Leben. Man rackert sich ab und weiss dann hinterher oft nicht, ob man jetzt etwas erreicht hat oder ob alles für die Katz war.
Wenn man Feedback über Erfolg oder Misserfolg bekommt, ist das ausserdem in der Regel zu selten und viel zu spät. In der Schule wird alle ein bis zwei Monate eine Klassenarbeit geschrieben, und die Note lässt dann noch ein paar weitere Wochen auf sich warten.

Wie motivierend klare Zielvorgaben und schnelles Feedback sein können, lässt sich an World of Warcraft leicht beobachten. Da verrichten Spieler, manchmal stundenlang, Tätigkeiten, die nicht nur für den Aussenstehenden wie eintönige Arbeit aussehen. Auch die Spieler empfinden das oft als langweilig. Aber sie haben ganz klar den Erfolg vor Augen, und wenn sie die Aufgabe bewältigt haben, dann wissen sie, was sie geleistet haben. Und das motiviert sie zu Ausdauer- und Konzentrationsleistungen, die man nur bewundern kann.

Wenn Sie sich dazu motivieren wollen, die Aufgaben, die sie sich gestellt haben, mit aller Kraft zu verfolgen, ohne sich beirren zu lassen und vom Ziel abzulassen, dann lernen Sie von den Computerspielsüchtigen. Formulieren Sie die Ziele klar und eindeutig und stellen Sie sicher, dass auch die Erfolgsbedingungen klar und eindeutig definiert sind.

Das Ziel muss aber nicht nur klar definiert sein, es sollte auch für alle Beteiligten attraktiv oder zumindest akzeptabel sein. Die Motivation, das Ziel erreichen zu wollen, muss da sein. Nicht selten gibt es aber auch Interessenkonflikte, die dem Ziel entgegenwirken. Wenn das Geschäft besser läuft, lässt das z.B. weniger Zeit für die Familie oder für andere Aktivitäten. Solche Interessenkonflikte muss man immer im Auge behalten und gegebenenfalls angemessene Lösungen finden. Unter Umständen muss man auch Kompromisse eingehen und seine Ziele entsprechend anpassen. Solche Interessenkonflikte können auch dort auftreten, wo man sie am wenigsten vermuten würde: Wenn Leute krank sind, und es darum geht, dass sie wieder gesund werden. Krankheit ist nicht nur mit Nachteilen verbunden. Es kann auch gute Gründe geben, die durchaus dagegen sprechen, wieder gesund zu werden.

Wenn man krank ist, muss man z.B. nicht zur Arbeit.
Und gerade wenn es vielleicht sogar die
Arbeitsbedingungen waren, die einen überhaupt erst
krank gemacht haben, kann das ein wichtiges Motiv
sein, dass dem Ziel, wieder gesund zu werden,
entgegenwirkt.

Wenn sie auch nur den leisesten Verdacht haben, dass
Sie selbst, oder andere beteiligte Personen, von einem
Ziel nicht so ganz überzeugt sind und da Zweifel haben,
dann müssen Sie nachbohren und herausfinden, was Sie
da machen können. Es ist verlockend, derartige Zweifel
einfach zu ignorieren, aber das rächt sich früher oder
später.

Am besten ist es übrigens, wenn nicht nur das Ziel
sondern auch schon die nötigen Arbeitsschritte einen
Wert an sich haben, und man sich nicht nur mit ihnen
abfindet, weil man damit etwas anderes bezweckt.
Rockstars haben vielleicht mal als Kinder oder
Jugendliche angefangen, Gitarre zu spielen, weil sie
davon geträumt haben, berühmte Rockstars zu werden.
Aber diejenigen, die das dann wirklich geschafft haben,
haben sich so in die Musik verliebt, dass sie den ganzen
Tag geübt haben. Sie sind dann Rockstar geworden,
weil sie sich sonst einen anderen Job hätten suchen
müssen, und keine Zeit mehr für ihre Musik gehabt
hätten.

Dann muss das Ziel natürlich realistisch sein. Das
heisst: es muss grundsätzlich erreichbar sein. Sich ein
Ziel zu setzen, das prinzipiell unerreichbar ist, ist die
sicherste Methode sich unglücklich zu machen. Das

heisst nicht, dass Sie sich keine hochgesteckten Ziele setzen sollen. Viele Dinge, die wir für unmöglich halten, sind durchaus Erreichbar, wenn wir die Sache richtig angehen und konsequent dabei bleiben. Es ist dann aber wichtig, dass Sie das Ziel in Unterziele aufteilen, die sich leichter erreichen lassen. Wenn sie einen Marathon laufen wollen, dann fangen sie beim Training nicht damit an, die volle Strecke von 42km zu laufen.

„Erreichbar" heisst aber auch, dass der Ausgang des Unternehmens in Ihrer Hand liegen muss. Wenn Sie auf entscheidende Faktoren, die den Ausschlag über Erfolg oder Misserfolg geben, überhaupt keinen Einfluss haben dann können sie zwar Glück haben und das Ziel dennoch erreichen, aber damit machen Sie sich zum Spielball der Umstände. Wenn Sie Ziele formulieren, dann achten Sie deshalb immer darauf, ob Sie alle wichtigen Faktoren selbst im Griff haben. Wenn Sie z.b. den Wunsch haben Popstar zu werden, dann sind Sie dabei auf andere Menschen angewiesen, die da ganz entschieden ein Wort mitzureden haben. Wenn sie sich hingegen vornehmen, singen zu lernen und sich das übrige Handwerkszeug anzueignen, um einen Bühnenauftritt zu meistern, dann haben Sie es selbst in der Hand, ob Sie das schaffen oder nicht.

Wenn Sie ihr Ziel so definieren, machen Sie sich nicht davon abhängig, ob Sie gerade Dieter Bohlens Geschmack treffen, oder ob die 14 jährigen Anruferinnen lieber alle für den süßen blonden Jungen mit den verträumten blauen Augen stimmen.

Das gilt in allen Lebenslagen. Machen Sie ihre Zielsetzung möglichst nicht von äußeren Faktoren

abhängig. Seien Sie Ihres eigenen Glückes Schmied.
Planen Sie Ihren Urlaub so, dass sie auch Spaß haben,
egal wie das Wetter wird. Wenn dann die Sonne scheint
— um so besser.

Schließlich ist es noch ganz wichtig, dass man einen
Zeitraum festlegt, in dem man das Ziel erreicht haben
will. Unterlässt man das, läuft man Gefahr, das Projekt
auf den Sankt Nimmerleinstag zu verschieben. Gerade
bei größeren Projekten ist es jedoch oft nicht einfach,
abzuschätzen, wie lange man realistischerweise dafür
benötigen wird. Das gilt insbesondere auch dann, wenn
man ein derartiges Projekt zum ersten mal angeht. Die
meisten Menschen, die irgendwann einmal auf die Idee
kommen, ein Buch zu schreiben, haben keine genaue
Vorstellung, wie viel Zeit sie dafür benötigen werden.
Denn da spielen verschiedene Faktoren eine Rolle. Wie
lange man dafür braucht, hängt z.B. davon ab, wie lang
das Buch letztendlich wird, wie schnell man schreibt
und wie viel freie Zeit man dafür opfern will. Das alles
kann man als angehender Hobbyautor natürlich schlecht
abschätzen. Aber man kann sich natürlich trotzdem für
bestimmte Unterziele auf entsprechende Zeitpläne
festlegen. Zunächst muss man überhaupt einmal
anfangen, an dem Projekt zu arbeiten. Anstatt zu sagen
„Ich will jetzt irgendwann mal anfangen, ein Buch zu
schreiben" muss man wirklich einen Termin festlegen,
wann es nun losgeht. Dann kann man natürlich weitere
Etappenziele planen. Man kann sich z.B. vornehmen,
jeden Tag mindestens eine bestimmte Anzahl von
Wörtern zu schreiben. Auch wenn man das
Gesamtprojekt noch nicht richtig einschätzen kann,

kann man sich auf diese Weise feste Terminvorgaben machen, und so vermeiden, dass man die Arbeit bis „irgendwann einmal" liegen lässt.

Wenn wir das bisher gesagte noch einmal stichpunktartig zusammen fassen, dann erhalten wir folgende 5 Punkte:

Ein Ziel soll
    Spezifisch/**S**auber Definiert
    Messbar
    Akzeptiert/**A**ttraktiv
    Realistisch
    Terminiert
sein.

Sie sehen, dass die Anfangsbuchstaben das Wort „smart" ergeben. Diese clevere Vorgehensweise finden Sie vor allem auch in der Literatur zum Thema Unternehmensplanung. Für Unternehmen ist es wichtig, dass alle Mitarbeiter wissen, auf welche Ziel sie hinarbeiten müssen und was von Ihnen verlangt wird. Wenn es in dieser Beziehung Missverständnisse gibt, besteht die Gefahr, dass die Mitarbeiter nicht mehr am gleichen Strang ziehen sondern schlimmstenfalls sogar gegensätzliche Ziele anstreben und einander bekämpfen.

Außerdem: Kaum etwas ist für einen Arbeitnehmer schlimmer, als im Büro zu sitzen und sich zu fragen: „Was soll ich machen? Ich habe keine Ahnung, was von mir verlangt wird. Was tue ich hier überhaupt?" In so einer Situation schwankt man zwischen Frust wegen der Sinnlosigkeit des Ganzen und Panikattacken, weil ja wohl doch verlangt wird, dass man gefälligst sinnvolle Arbeit abliefert, und man seinen Job verliert, wenn man das nicht hinkriegt.

Aber genau das tun wir uns oft selbst an, wenn wir uns als eigener Boss Ziele setzen, von denen wir keine hinreichend genauen Vorstellungen haben.

KLEINE SCHRITTE

Egal ob Sie weitgesteckte Ziele und großangelegte Projekte verfolgen oder ob es nur darum geht, Kleinkram zu erledigen: Man muss immer irgendwo anfangen. Es heisst immer „Aller Anfang ist schwer". Aber das muss nicht sein.

Wir machen uns oft das Leben schwer, weil wir zu viel auf einmal wollen. Im letzten Kapitel ging es darum, wie wichtig es ist, sein Ziel klar vor Augen zu haben und möglichst genaue Vorstellungen davon zu haben, was man tun muss. Wenn man das alles vor Augen hat, wenn man sieht, was alles zu tun ist, gerät man leicht in Panik und weiss nicht, wo man anfangen soll. Man fühlt sich, als säße man am Esstisch und müsse einen Elefanten verspeisen. Wie soll man das nur schaffen? Die Antwort ist ganz einfach: häppchenweise.
Oft gibt es eine völlig logische Abfolge von Arbeitsschritten. Wenn man einen Kuchen backen will, dann muss man erst die Zutaten besorgen und dann rührt man den Teig und dann schiebt man ihn in den Ofen.
Wenn es eine solche feste Abfolge von Arbeitsschritten nicht gibt, dann spielt es auch keine Rolle, wo wir anfangen. Wir müssen es dann einfach nur tun. Und wir wollen wirklich so schnell wie möglich damit anfangen, denn durch Liegenlassen wird die Sache meistens nicht

besser. Wir neigen oft dazu, unangenehme Aufgaben vor uns her zu schieben. Das ist eine wirklich blöde Strategie. Wenn wir eine unangenehme Sache vor uns herschieben, dann fühlen wir uns nicht gut dabei und meistens kommt dann auch noch ein Schlechtes gewissen dazu. Je länger wir etwas vor uns herschieben, desto länger leiden wir deswegen. Das ist wie beim Heftpflaster abreissen. Das schlimmste ist eigentlich die Angst, die man vor dem Abreissen hat. Wenn man es dann erst einmal runter hat, war die Sache im Nachhinein nur halb so schlimm und man ist echt froh, dass man das jetzt endlich hinter sich hat.

Wenn wir als Hypnotiseur an dieses Problem herangehen und uns eine Strategie überlegen, dann kommen wir zu dem Schluss: Wir wollen diese Vermeidungshaltung ausschalten und ein schlechtes Gewissen hilft dabei ganz offensichtlich nicht. Eine Hauruckmentalität ist hier sicher besser. Die Vermeidungshaltung wird geringer, wenn das, was man tun muss, weniger unangenehm wird. Wir wollen uns das Leben ja so angenehm wie möglich machen und uns nicht unnötig quälen. Deshalb hilft es auch, die Aufmerksamkeit auf das gute Gefühl zu lenken, dass wir nach getaner Arbeit haben. Bei größeren Aufgaben sind wir aber erst nach Wochen oder Monaten oder vielleicht sogar Jahren mit der Arbeit fertig. Solange kann kein Mensch ohne positive Bestätigung durchhalten und sich motivieren. Wir wollen das gute Gefühl so schnell wie möglich. Um Lerneffekte zu erzielen, ist schnelles Feedback notwendig.

Hauruckmentalität:

Sie kennen sicherlich auch diese Situation: Man ist mit mehreren Leuten zusammen und muss eine unmöglich erscheinende Aufgabe bewältigen. Alle sind ratlos und denken „Das schaffen wir doch nie."

Und dann kommt plötzlich einer und sagt „Kommt wir machen das jetzt einfach". Und der hat so viel Energie und strahlt so viel Zuversicht aus, dass er alle mitreisst. Und meistens klappt das dann auch alles und im Nachhinein war das eigentlich gar nicht mal so schwer. Wenn Sie so jemanden, der eine ganze Gruppe mitreissen kann, über sich hinauszuwachsen, einmal beobachten, dann stellen Sie fest, das er meist zunächst ruhig die Situation abschätzt und dann plötzlich, fast ruckartig aktiv wird.

Und genau das wollen wir auch für uns, wenn wir uns an die Arbeit machen wollen. Wir wollen beim Arbeiten auf lange Sicht entspannt sein, aber wir brauchen gerade am Anfang einen Zündfunken. Das ist wie wenn man einen Wagen anschiebt. Man braucht dieses Hauruckmoment, diesen Startimpuls bis der Wagen wie von selbst rollt. Und diesen Impuls kann man sehr leicht in sich wachrufen.

Spannen Sie ruckartig die Muskeln in ihrem Körper an und sagen sie „Hopp! Los jetzt!".

Wahrscheinlich haben Sie selbst das schon unzählige male unbewusst ganz genau so gemacht, wenn Sie sich zu etwas motiviert haben. Aber obwohl wir das alle beherrschen, gibt es bei jedem von uns Situationen, wo wir einfach vergessen, wie das geht. Das ist die natürliche Methode, wie wir uns selbst zur Arbeit motivieren. Ein Ruck geht durch unseren Körper und wir legen los.

Vergleichen Sie das mal mit der gängigen Methode, mit der wir uns davor drücken, mit der Arbeit anzufangen: Sie atmen mit einem Seufzer aus, dabei entspannen Sie die Muskulatur und lassen die Schultern absinken und den Oberkörper leicht vornüber beugen und sagen „Eigentlich sollte ich mal…". Wenn Sie sich so verhalten, dann ist es recht unwahrscheinlich, dass Sie sich dann tatsächlich aufraffen können, mit der Arbeit loszulegen.

Wir entscheiden uns meistens völlig unbewusst für eine der beiden Möglichkeiten. Das sind Typ 1 Denkprozesse, die normalerweise automatisch ablaufen, ohne das wir uns darüber Gedanken machen. Aber wir können das auch ganz bewusst durchspielen und so genau die gleiche Wirkung erzielen. Sportler machen das ganz bewusst, wenn sie sich vor dem Start aufputschen, alle Muskeln ruckartig anspannen und schreien.

Und wir können das nicht nur bewusst machen, wir können das auch üben, damit uns das in Fleisch und Blut übergeht. SchauenSie sich um, suchen Sie nach einer Kleinigkeit, die Sie erledigen müssen, wo Sie seufzen und denken „Eigentlich sollte ich mal…". Wenn Sie zuhause sind, dann findet sich da bestimmt so einiges, was Sie zum Üben verwenden können. Suchen Sie sich wirklich nur kleine Aufgaben, die Sie in ein paar Minuten erledigen können. Und dann geben Sie sich einen Ruck und erledigen das eben.

Kleine Häppchen:
Dazu gibt es eigentlich wenig zu sagen. Wenn Sie einen Elefanten verspeisen wollen, dann müssen Sie das Happen für Happen tun. Am Stück kriegen Sie den nicht runter. Teilen Sie sich die Arbeit in Einzelschritte auf. Und dann konzentrieren Sie sich auf das, was Sie gerade tun und vergessen den Rest einfach. Wenn Sie merken, dass Sie ins Stocken geraten, weil Sie doch wieder anfangen, über das, was noch vor Ihnen liegt, nachzugrübeln, dann schütteln Sie das ab (und das meine ich durchaus wörtlich) und starten die Arbeit neu, indem Sie wieder den Ruck durch sich gehen lassen und sich sagen „Los! Weiter gehts!".

Das gute Gefühl:
Sie wissen, wie gut man sich fühlt, wenn man eine Sache erledigt hat. Gerade wenn man eine Arbeit erledigt, vor der man sich lange gegruselt hat, fühlt man das besonders stark. Man ist erleichtert. Das ist ein wirklich tolles und befreiendes Gefühl. Aber oft vermasseln wir uns das. Wir haben eine größere Aufgabe zu bewältigen und fangen mit der Arbeit an. Wir bringen einen Arbeitsschritt hinter uns, aber anstatt uns zu freuen sehen wir nur den Berg an Arbeit, der noch vor uns liegt.
Aber das gute Gefühl nach dem Erfolg gehört zur Motivation genau so dazu, wie der Hauruckeffekt am Anfang. Aber auch das können Sie ganz bewusst machen.

Sie wissen, was Sie tun, wenn Sie sich über einen Erfolg freuen: Sie atmen tief ein, fühlen wie ihr Brustkorb anschwillt und die Schultern breiter werden. Dann lächeln Sie oder lachen vielleicht sogar befreit. Versetzen Sie sich in eine Situation, in der Sie das erlebt haben und spielen Sie es nach. Feiern Sie sich ganz bewusst, auch bei kleinen Aufgaben, für die Sie normalerweise keinen Beifall erwarten. Machen Sie die Beckerfaust und sagen Sie „Ja! Ich bin gut! Ich hab den Müll runtergetragen!" Das muss ja niemand mitkriegen. Sich still zu freuen ist gut. Wenn Sie der Freude durch Bewegungen und Worte Ausdruck verleihen, ist das noch viel besser. Unser Körper und unsere Handlungen spielen bei unseren Denkprozessen eine ganz entscheidende Rolle. Nutzen Sie das aus — auch wenn Ihnen das vielleicht komisch vorkommt.

Wenn Sie noch mehr Arbeitsschritte zu erledigen haben, dann können Sie sich aus dieser guten Stimmung heraus direkt den Ruck für die nächste Aufgabe geben. Sie wissen dann, dass Sie auf den nächsten Erfolg zustreben. Das beflügelt ungemein und die Arbeit fällt einem so viel leichter.

Wenn Sie nach getaner Arbeit Feierabend machen, dann können Sie sich guten Gewissens sagen, dass Sie sich das jetzt verdient haben. Pausen sind wichtig. Sich zu motivieren, darf nicht bedeuten, dass Sie sich permanent verausgaben und Raubbau an Ihren Kräften betreiben. Das kann man gelegentlich mal machen, wenn dringende Aufgaben keinen Aufschub erlauben.

Aber auf lange Sicht tun Sie sich (und auch ihrem Arbeitgeber) keinen Gefallen, wenn Sie Ihre Arbeitskraft nicht vernünftig einteilen.

Ob Sie einen Arbeitsabschnitt beenden, ehe Sie eine kurze Pause oder Feierabend machen, hängt von der Art der Aufgabe ab, ist aber auch Geschmacksache. Wenn Sie in der Wohnung staubsaugen, dann saugen Sie natürlich ein Zimmer komplett zuende und hören nicht mittendrin auf. Aber auch bei anderen Aufgaben haben wir oft den Drang, die Sache zu einem ordentlich Abschluss zu bringen, ehe wir Feierabend machen. Das ist so, als ob man eine Geschichte erzählt bekommt, und kurz vor dem Schluss bricht der Erzähler ab und vertröstet uns auf den nächsten Tag. Man will dann natürlich unbedingt wissen, wie es weiter geht. Man kann beruhigter in den Feierabend gehen, wenn man weiss, dass man die Arbeit zuende gebracht hat. Man kann diese Spannung, die das halbfertige Ergebnis hinterlässt aber auch nutzen, um den kreativen Prozess am Laufen zu halten. Man Arbeitet dann, ob bewusst oder vielleicht auch nur unbewusst, auch in seiner Freizeit noch an dem Projekt weiter.
Manche Schriftsteller nutzen das, um die Motivation aufrecht zu erhalten und Schreibblockaden vorzubeugen. Man könnte meinen, es sei besser jeweils einen Abschnitt oder ein Kapitel zu beenden ehe man die Arbeit unterbricht, weil man sonst vielleicht Schwierigkeiten hat, am nächsten Tag wieder in die Gedankengänge hinein zu finden. Aber das Gegenteil ist der Fall. Es fällt einem viel leichter, wieder in den Schreibfluss zu kommen, wenn man an dem

halbfertigen Abschnitt vom Vortag weiter arbeiten kann. Wenn man dann mit einem neuen Kapitel anfängt, nachdem man bereits wieder im Fluss ist, dann ist das überhaupt kein Problem. Wenn man dagegen direkt am Morgen mit einem neuen Kapitel anfangen soll, dann tut man sich viel schwerer damit, einen Anfang zu finden.

Schriftsteller lieben Ihre Arbeit. Daher habe sie auch überhaupt kein Problem damit, sich 24 Stunden am Tag damit zu beschäftigen. Wenn man einen Job tut, an den man nicht unbedingt sein Herz hängt, dann will man in seiner Freizeit wahrscheinlich eher nichts mehr damit zu tun haben. Dann sollte man vermutlich eher die Arbeit abschließen, ehe man in den wohlverdienten Feierabend geht.

Bisher haben wir eher über größere Aufgaben gesprochen. Alles was wir bisher gesagt haben lässt sich aber auf die unzähligen Kleinigkeiten übertragen, die wir jeden Tag erledigen müssen. Viele Dinge tun wir jeden Tag, ohne darüber nachdenken zu müssen. Sie sind uns in Fleisch und Blut übergegangen und erfordern auch keinerlei Willensstärke und bereiten uns keine Mühe. Dann gibt es aber auch viele Dinge, die eigentlich auch überhaupt keine Schwierigkeiten bereiten sollten, aber wir kriegen es einfach nicht hin, das regelmäßig zu tun: Es geht um die guten Angewohnheiten.

Wenn wir uns vornehmen, etwas in unserem Leben zu verändern, machen wir den Fehler, dass wir uns zu viel auf einmal vornehmen. Wir wollen etwas für unsere

Gesundheit tun und beschließen, jeden Tag eine halbe Stunde zu joggen. Damit übernehmen wir uns. Wenn man das leisten will, dann muss man nicht nur den Körper langsam an diese Anforderungen gewöhnen. Auch der Verstand, muss sich daran gewöhnen. Viele Leute haben schon Probleme damit, jeden Tag 20 Minuten spazieren zu gehen, obwohl das auch für eine eingeschworene Couchpotatoe keine großartige körperliche Belastung darstellt (solange man noch einigermaßen gesund ist). Sich dazu zu motivieren, 20 Minuten lang etwas zu tun, worauf man im Grunde genommen keine große Lust hat, ist nicht einfach.

Aber es gibt einen ganz einfach Trick: Man nimmt sich wirklich nur das absolute Minimum vor. Man nimmt sich nicht vor, einen langen Spaziergang zu machen. Man nimmt sich vor, auf die Straße zu gehen. Mehr nicht. Wenn man vom Grundstück runter ist und auf der Straße steht, kann man wieder zurück ins Haus gehen, und das trotzdem als Erfolg verbuchen. Wenn Sie dann schonmal so weit gekommen sind, dann werden Sie vermutlich auch noch ein paar hundert meter weit gehen. Das wäre ja sonst albern.
Genauso mit Morgengymnastik: Nehmen Sie sich vor, eine Liegestütze zu machen. Selbst wenn es bei der einen Liegestütze bleiben sollte, dann haben Sie aber auf jeden Fall daran gedacht und dann auch Taten folgen lassen. Aber wenn man schon auf dem Bauch auf dem Boden liegt, dann kann man auch ein paar Liegestütze mehr machen.

Das entscheidende bei guten Angewohnheiten ist, dass

man erst die Angewohnheit verankern muss, und dann erst langsam den Schwierigkeitsgrad anziehen darf. Wenn man sich etwas angewöhnen will, dann kommt es einzig und allein auf die Regelmäßigkeit an. Dabei ist es günstig, wenn Sie die Handlung entweder immer zu einer bestimmten Uhrzeit tätigen, oder Sie zu bestimmten Gelegenheiten durchführen. Ein Psychologe, der sich mit der Formierung von Angewohnheiten beschäftigte, hat z.B. berichtet, dass er jedes mal, nachdem er auf der Toilette war, zwei Liegestütze gemacht hat (er hat die meiste Zeit von zu Hause aus gearbeitet, da geht das). Er hat dann ganz von selbst das Pensum gesteigert und macht inzwischen über den Tag verteilt 70-80 Liegestütze.

Das ist auch einer der Gründe dafür, dass viele Medikamente vor oder nach den Mahlzeiten eingenommen werden sollen. Es gibt da natürlich auch rein medizinische Gründe, z.B. weil manche Medikamente besser absorbiert werden, wenn sie mit Fett gemischt eingenommen werden. Aber es fällt uns einfach viel leichter, uns die regelmäßige Einnahme zur Gewohnheit zu machen, wenn wir es an eine andere feste Angewohnheit ankoppeln.

Das kann man auch bei Rauchern immer recht eindrucksvoll beobachten. Der Drang zur Zigarette zu greifen, ist an bestimmte andere Stimuli gekoppelt: Nach dem Essen, zur Tasse Kaffe oder nach getaner Arbeit. Hört man mit dem Rauchen auf, sind die körperlichen Entzugserscheinungen nach wenigen Tagen überwunden. Man braucht dann nicht mehr die regelmäßigen Zigarettenpausen, um den Nikotinspiegel aufrecht zu erhalten. Aber in Situationen, zu denen die Zigarette fest dazu gehörte, denkt man dann doch noch eine ganze Weile lang daran. Die bloße Angewohnheit ist stärker als die körperliche Abhängigkeit.

Und genau das wollen wir für unsere guten Angewohnheiten erreichen. Wir wollen uns nicht jedes mal aufs neue überwinden müssen. Wir wollen nicht ständig unsere Willensstärke durch einen übermenschlichen Kraftakt unter Beweis stellen. Wir wollen erreichen, dass uns die Dinge, die wir uns vorgenommen haben, einfach in Fleisch und Blut übergehen, dass wir sie einfach tun, weil wir das Bedürfnis danach verspüren.

Wenn Sie die Tätigkeit, die Sie sich zur Gewohnheit machen wollen, ausgeführt haben, dann feiern Sie sich, genau so, wie Sie das auch bei erfolgreich abgeschlossenen Projekten tun würden. Nehmen Sie sich ein paar Sekunden und freuen Sie sich, dass Sie es durchgezogen haben. Recken Sie ruhig die Arme in die Luft und sagen sie „Yeah, baby! Ich hab's durchgezogen".

Dann ist es noch ganz hilfreich, wenn Sie Buch über Ihre guten Angewohnheiten führen. Ziele, die man sich vornimmt, schriftlich zu fixieren, macht die Selbstverpflichtung realer. Das ist dann als hätte man mit sich selbst einen schriftlichen Vertrag abgeschlossen, an den man sich auch halten muss. Ausserdem tut es gut schwarz auf weiss vor Augen zu haben, dass man z.B. schon seit 2 oder 3 Wochen jeden Tag seine Aufgabe erfüllt hat, ohne zu kneifen. Wenn man sich nur ein oder zwei Dinge vornimmt, die man verändern möchte, dann kommt man auch ohne schriftliche Aufzeichnungen aus. Mehr als ein bis zwei neue Angewohnheiten sollten Sie auch nicht auf einmal annehmen, sonst laufen Sie wieder Gefahr, sich zu überfordern. Wenn Sie diese ersten Angewohnheiten aber bereits seit zwei oder drei Wochen regelmäßig gemeistert haben, dann können Sie zusätzliche Angewohnheiten hinzufügen.

Wenn Sie über Ihre Erfolge Buch führen, dann werden Sie höchstwahrscheinlich feststellen, dass Sie Ihre neuen gute Angewohnheiten ab und zu einfach vergessen haben. Gerade am Anfang passiert das häufiger. Aber auch wenn Sie sich nach ein paar Wochen wirklich dran gewöhnt haben, kommt das noch vor. Ärgern Sie sich ruhig ganz kurz — aber wirklich nur ganz kurz. Und dann machen Sie sich keine Vorwürfe, sondern spannen Sie die Muskeln an, ballen Ihre Hände zu Fäusten und sagen sich „Das kriege ich hin. Ich zieh's durch."

Wie Sie die Aufzeichnungen über ihre Erfolge handhaben, ist Geschmacksache und hängt sicherlich auch davon ab, wie sie gewöhnlich ihre Todo-Listen und Termine verwalten. Es gibt sowohl für Handys als auch Computer spezielle Apps, die extra für die Aufzeichnung von guten Angewohnheiten ausgelegt sind und den Erfolg dann auch durch grafische Darstellung greifbarer machen. Das kann zusätzlich motivierend wirken. Ich selbst benutze einfach die Todo-Listen App, die mit dem Betriebssystem meines Computers mitgeliefert wird. Die hat zwar keine übersichtliche Darstellung über Aufgaben, die länger als einen Tag zurück liegen, aber ich benutze sie auch für andere Aufgaben und bekomme das zusammen mit meinen festen Terminen angezeigt.

Hier noch einmal das Rezept für gute Angewohnheiten.

1) Setzen Sie sich Minimal-Ziele.
2) Knüpfen Sie die Handlung an bestimmte regelmäßige Situationen, oder wählen Sie feste Uhrzeiten.
3) Geben Sie sich einen Ruck.
4) Erfüllen Sie mindestens Ihre Minimalvorgaben.
5) Feiern Sie sich — Egal ob Sie nur das bloße Minimum getan haben oder mehr geleistet haben.
6) Haken Sie es in ihrer Todo-Liste ab.

SCHNELLE ERFOLGE

Wir haben im vorangegangenen Kapitel gesehen, wie Sie mit kleinen Schritten Ihr Ziel schneller und sicherer erreichen, als wenn Sie sich zu viel auf einmal vornehmen.

Das gilt auch für die Hypnose. Und das gilt insbesondere auch, wenn es darum geht, mit Hypnose einen Menschen in Trance zu versetzen. Wenn wir einen Menschen in Hypnose versetzen, dann machen wir das mit vielen kleinen Schritten, die alle leicht zu bewerkstelligen sind, und schnelle Erfolge zeigen. Zwar gibt es hier die Blitzhypnose, eine Hypnoseinduktion, die den Hypnosezustand tatsächlich blitzartig einleitet. Aber diese Blitzinduktion ist in der Regel auch nur einer von vielen kleinen Schritten. Wenn wir uns eine gute Angewohnheit antrainieren wollen, dann machen wir das deshalb mit kleinen Schritten, weil wir sicherstellen wollen, dass sich ein schneller Erfolg einstellt. Erfolgserlebnisse wirken ungemein motivierend und sind ungemein wichtig, um auch langfristige Lernerfolge zu erzielen. Wenn wir uns übernehmen, dann erzeugen wir unnötig Widerstand, gegen den wir dann mühsam ankämpfen müssen. Und als Hypnotiseur wollen wir das vermeiden. Sie erinnern sich an die Grundprinzipien der Hypnose:

•Aufmerksamkeit fokussieren,

• Widerstand/Argumentation/Kritischen Verstand umgehen,
• Typ 1 Denkprozesse Anregen.

Wenn wir kleine Schritte machen, erzielen wir schnell ein Ergebnis. Dieses Ergebnis ist es dann, was den Prozess weiter antreibt. Wenn wir uns angewöhnen wollen, täglich spazieren zu gehen, und uns lediglich zum Ziel setzen, auf die Straße zu gehen, dann haben wir ein einfach zu erreichendes Erfolgserlebnis. Wenn man dann auf der Straße steht, und sich dabei auch noch gut fühlt, weil man das, was man erreichen wollte, auch tatsächlich geschafft hat, dann fällt es auch nicht schwer, noch ein paar hundert Meter zu gehen. Der Erste einfache Erfolg wird zur Grundlage für weitere Schritte.

Genau so machen wir es auch bei der offen durchgeführten Hypnose. Und das gilt sowohl für die langsame Hypnoseinduktion mit tiefer Entspannung, wie sie in der Hypnotherapie üblich ist, als auch für die eher in der Showhypnose angewandte Blitzhypnose. Wir beginnen die Hypnoseinduktion mit ganz einfach zu befolgenden Anweisungen. Wir bitten unser Gegenüber darum, es sich bequem zu machen (in der Therapie) oder sich an eine bestimmte Stelle auf der Bühne zu stellen. Dafür können wir dann gerne auch eine Begründung liefern. Dadurch erscheinen diese Anweisungen weniger willkürlich. In der Anfangsphase ist der Kritische Verstand noch voll aktiv — wenn unser Partner noch keinerlei Hypnoseerfahrung hat und sich vielleicht sogar ein wenig Sorgen darüber macht, was wir wohl gleich mit ihm anstellen, ist der Kritische Verstand vermutlich sogar außerordentlich aktiv. Indem wir Erklärungen dafür liefern, warum wir etwas machen, können wir ihn beruhigen. In diese Erklärung können wir natürlich direkt auch noch eine Suggestion einbauen:

In der Therapiesitzung können wir z.B. sagen: „Setzen Sie sich bequem hin. Und setzen Sie bitte beide Füße auf den Boden. Wenn Sie gleich in Trance gehen und die Muskulatur völlig entspannen, schläft Ihnen sonst das Bein ein, wenn Sie die Beine übereinander geschlagen haben." Mit dieser Erklärung schlagen wir zwei Fliegen mit einer Klappe. Wir liefern eine Erklärung für unsere Anweisung und beschwichtigen so den Kritischen Verstand und gleichzeitig suggerieren wir, dass der Klient gleich seine Muskulatur völlig entspannt haben wird. Sie erinnern sich: Suggestion bedeutet „Andeutung" oder „Vorschlag". Wir geben nicht den Befehl, sich zu entspannen, sondern erwähnen ganz nebenbei, dass das gleich passieren wird.

In der Showhypnose nimmt man sich meistens weniger Zeit und hält das eher etwas knapp und sagt „Stellen Sie sich bitter hier hin."

Das sind ganz klare Anweisungen, die scheinbar noch nichts mit Hypnose zu tun haben. Aber die Induktion hat damit bereits begonnen. Wir geben eine Anweisung und können direkt überprüfen, ob dieser Anweisung Folge geleistet wird. Und wir können auch sehen, ob das bereitwillig und ohne Zögern geschieht. Erfolgt die

Reaktion zögerlich oder gar widerwillig, dann wissen wir, das zusätzliche Arbeit notwendig ist, um unser Ziel zu erreichen. Als Showhypnotiseur entscheidet man sich dann gegebenenfalls dafür, mit einer anderen Versuchsperson weiter zu arbeiten. Wenn man eine hinreichende Anzahl aussichtsreicher Kandidaten auf der Bühne stehen hat, dann kann man sich diesen Luxus leisten.

Das Entscheidende an dieser Vorgehensweise ist, dass wir einen kleinen Schritt gemacht haben und sehr schnell einen ersten überprüfbaren Erfolg haben. Und dieser Erfolg, schafft Vertrauen. Das ist sowohl für uns als Hypnotiseur als auch für den Hypnotisierten wichtig.

Nach diesem ersten Schritt läuft die Routine weiter. Es gibt viele unterschiedliche Wege, die in die Hypnose führen. Aber allen ist gemeinsam, dass sie aus mehreren kleinen Schritten mit überprüfbaren Ergebnissen bestehen, und dass der „Schwierigkeitsgrad" kontinuierlich gesteigert wird. Bei den ersten Schritten vermeidet man es dabei durchaus auch, bereits von Hypnose zu sprechen. Man macht erst einmal ein paar einfache Übungen oder Tests. Diese Tests haben aber bereits eine Trance induzierende Wirkung.

Sehr beliebt sind die „Magnetischen Finger" und die „Magnetischen Hände". Hier geht es darum, sich vorzustellen, die Zeigefinger bzw. die Hände seien magnetisch aufgeladen, und würden einander unwiderstehlich Anziehen. Bei den Magnetischen

Fingern, ist dabei der Erfolg praktisch garantiert.

Man bittet sein Gegenüber die Hände zu falten, als ob man händeringend um etwas bittet. Dann streckt man die Zeigefinger aus und zwar so, dass sie sich nicht berühren sondern ein V bilden. Dabei hält man die Hände aber weiterhin fest umklammert.
Nun stellt man sich vor, die Zeigefinger würden sich wie zwei starke Magnete gegenseitig anziehen, während man seinen Blick dabei auf den Zwischenraum zwischen den Fingern fokussiert. Wenn man dabei darauf achtet, dass die Hände sich wirklich fest umschließen und die Muskeln dementsprechend angespannt sind, dann streben die Zeigefinger ganz von selbst aufeinander zu und es wäre sogar einige Anstrengung notwendig, um sie daran zu hindern und sie weiter in dieser V-förmigen Stellung zu halten.

Der Effekt ist also streng genommen nicht auf Hypnose zurückzuführen. Aber er wirkt Hypnoseinduzierend. Wir haben hier zum einen die Blickfixation auf den Zwischenraum zwischen den Fingern. Das Fokussieren des Blickes auf einen festen Punkt wird schon in unzähligen Meditationstechniken verwandt, und verfehlt auch hier seine Wirkung nicht. Und wir erzeugen ein Dissoziationserlebnis. Die Finger bewegen sich aufeinander zu, obwohl wir das nicht bewusst steuern. Sie scheinen ein Eigenleben zu entwickeln. Das bewusste Erleben von Dissoziation ist ein typisches Trancephänomen. Und wenn man jemanden dazu bringt, ein Verhalten zu zeigen, dass typisch für Trancezustände ist, dann versetzt man ihn damit früher oder später in Trance. Auch wenn wir der Dissoziation hier durch einen Trick Vorschub leisten, wirkt das tranceauslösend. Wenn man sich drauf einlässt, klappt das sogar, obwohl man weiss, wie die Wirkmechanismen funktionieren.

Während unser Gegenüber nun mit fest gefalteten Händen auf den Leerraum zwischen den Zeigefingern starrt, hören wir nicht auf zu reden. Erzählen Sie weiter von der magnetischen Anziehung. Finden Sie andere Metaphern für die Anziehungskraft oder die Bewegung: Ein Gummiband, die Klingen einer Schere, die einen dicken Draht durchtrennen , zwei Liebende, die sich vor dem ersten Kuss noch etwas zieren aber dann doch zueinander finden. Der Fantasie sind hier keine Grenzen gesetzt. Wichtig ist, dass Sie jederzeit etwas Aufmunterndes zu sagen haben, ohne sich dabei wie ein kaputter Plattenspieler anzuhören.

Jedes mal wenn sich die Finger ein Stückchen aufeinander zubewegen, kommentieren Sie das wohlwollend mit „Ja, genau", „Sehr schön" oder „Prima". Sie erwähnen wie angenehm es gleich sein wird, sich vollkommen zu entspannen und die Augen zu schließen, sobald sich die Zeigefinger, die sich weiter wie von selbst aufeinander zubewegen, schließlich berühren.

Wenn das dann passiert, ist es ganz wichtig, das wir auch dann weiter reden. Einen Trancezustand zu induzieren ist wirklich kinderleicht. Es ist ja ein ganz natürlicher Zustand, den wir täglich zig mal selbst erreichen. So schnell wie die Trance kommt, so schnell kann sie aber auch wieder verfliegen. Gerade als

Anfänger ist man oft so überrascht, dass die andere Person da plötzlich mit geschlossenen Augen und hängenden Schultern vor einem sitzt (oder steht), dass man einfach sprachlos ist. Das führt dann dazu, dass der Hypnotisierte dann auch sehr schnell wieder „wach" wird. Um das zu verhindern, muss man einfach weiter reden. Trancezustände sind ganz natürlich, aber das man das so völlig ungeniert und dann auch noch auf Kommando tut, ist dann schon außergewöhnlich. Wenn man als angehender Hypnotiseur schon überrascht ist, dass das jetzt passiert, dann gilt das natürlich erst recht für den Hypnotisierten. Dadurch dass man einfach weiter redet, verleiht man der Situation Normalität. Man erwähnt wie angenehm diese Entspannung ist, macht aber ansonsten nicht viel Aufhebens um die Angelegenheit. Das ist alles völlig normal. Und das ist es dann auch wirklich.

Bei den Magnetischen Händen hält der zu Hypnotisierende die Hände mit den Handflächen zueinander gewandt, so als wolle er klatschen. Nun stellt man sich vor, zwischen den Händen sei ein Kraftfeld und fokussiert den Blick wieder auf den Zwischenraum. Auch hier gibt es natürlich einen Trick, wie wir den Eindruck, da sei ein Kraftfeld zwischen den Händen, verstärken können. Wenn man die Hände ausreichend lange schnell aneinander reibt, dann fängt die Haut in den Handflächen an, ganz leicht zu kribbeln. Dieses leichte Kribbeln macht die Illusion des Kraftfeldes realistischer. Auch das Händereiben kann schon tranceauslösend wirken.

Im Gegensatz zu den Magnetischen Fingern haben wir hier keinen anatomischen Mechanismus, der dafür sorgt, dass sich die Hände zwangsläufig aufeinander zubewegen. Wir haben hier also einen etwas höheren Schwierigkeitsgrad. Die Magnetischen Finger können eigentlich nur schiefgehen, wenn sich die betreffende Person mit aller Kraft und unter Schmerzen dagegen wehrt. Bei den Magnetischen Händen kann es passieren, das scheinbar nichts geschieht.

Aber wenn nichts geschieht, ist das auch ein Ergebnis. In der Regel können wir unsere Hände nicht absolut still halten, es sei denn, man legt die Arme auf. Stellen Sie also sicher, dass die Arme frei beweglich sind, und die Ellenbogen nicht aufliegen. Da gibt es immer ein bisschen Bewegung, auch wenn es sich nur um Bruchteile von Millimetern handelt. Das nutzen wir natürlich aus. Wir machen unser Gegenüber auf diese kleinen Bewegungen aufmerksam, und fragen uns, ob das wohl stärker wird, und ob sich die Hände wohl weiter aufeinander zubewegen. Gerade, dass wir keinen mechanischen Effekt haben, der die Hände in eine bestimmte Richtung zwingt, können wir aber auch zu unserem Vorteil nutzen.

Im Grunde genommen kann es uns ja völlig egal sein, ob sich die Hände aufeinander zu bewegen oder voneinander weg, oder ob sie bewegungslos in einer Position verharren. Das ganze Theater ist für uns nur Mittel zum Zweck. Wir wollen einen Trancezustand herstellen, in dem der Kritische Verstand in den Hintergrund tritt und uns bei der Arbeit nicht dazwischen funkt. Der Showhypnotiseur will selbstverständlich eine gute Show abliefern und so ein Bisschen gehört das natürlich auch in der Hypnosetherapie dazu.

Wir wünschen uns natürlich insgeheim, dass der zu Hypnotisierenden gefälligst das tut, was wir ihm suggerieren. Aber wenn wir darauf bestehen, und das auf Teufel komm raus erzwingen wollen, dann machen wir uns selbst das Leben schwer. Stattdessen können wir einfach offen lassen, welches Ergebnis wir erwarten. Wenn wir die Magnetischen Hände nach den Magnetischen Fingern durchspielen, dann wird unser Gegenüber vermutlich ganz von selbst davon ausgehen, dass sich die Hände aufeinander zu bewegen sollen, ohne dass wir das noch einmal erwähnen müssen. Es gibt einen guten Grund dafür, dass es besser ist, wenn unsere Versuchsperson die Hände aufeinander zubewegt: Wenn die Hände sich berühren, dann haben wir ein bedeutsames Ereignis, an das wir eine Suggestion anbinden können, z.B.: „Wenn sich die Hände berühren, dann haben Sie das Gefühl, Sie müssten laut loslachen, weil das alles so komisch ist." Dieser besondere Moment fehlt bei den anderen Reaktionsmöglichkeiten auf die Magnetischen Hände. Da wir aber auf schnelle Erfolge aus sind, zeigen wir uns einfach freudig überrascht, auch wenn wir das insgeheim erwünschte Ergebnis nicht erziehen. Wenn die Hände auch nur zucken, dann kommentieren wir das wohlwollend: „Interessant, haben Sie das gemerkt?". Wir geben dem Ereignis eine Bedeutung. Und in dem Kontext in dem wir uns bewegen bedeutet das immer, dass das mit Hypnose zu tun hat. Wir müssen gar nicht laut aussprechen, dass das Zucken der Hand ein Anzeichen dafür ist, dass die Hände sich gleich wie von selbst bewegen werden. Es reicht, wenn Sie lächeln, zustimmend mit dem Kopf nicken und „Ja, genau" sagen.

Ich selbst verwende die Magnetischen Hände ganz gerne zur Selbsthypnose. Meistens bewegen sich meine Hände dabei nicht aufeinander zu. Oft habe ich das Gefühl, als wenn das Kraftfeld zwischen meinen Händen leicht federnd Widerstand leistet, wenn sich meine Hände auf ein paar Zentimeter annähern. Manchmal entwickeln auch meine Finger einfach ein Eigenleben. Sowohl die Illusion des Kraftfeldes als auch das nicht bewusst gesteuerte aber bewusst wahrgenommene Bewegen der Finger sind deutliche Tranceanzeichen — genau das was ich mit der Übung erreichen will.

In diesem Zusammenhang ist es sehr angenehm, dass man sich auf die Arbeitshypothese stützen kann, dass wir in der Hypnose mit einem wohlwollenden Unbewussten Verstand kommunizieren. Wir können dann jegliches Verhalten der zu hypnotisierenden Person auf diesen Unbewussten Verstand zurückführen. Wenn das Verhalten unbewusst war, stellt das überhaupt kein Problem dar. Falls die Handlung mehr oder weniger bewusst ausgeführt worden ist, fällt es uns überhaupt nicht schwer, diese bewusste Entscheidung auf unbewusste Prozesse zurückzuführen. Wir können aber auch die bewusste Entscheidung dankbar zur

Kenntnis nehmen.

Der Punkt ist, dass wir, solange unser Hypnosekandidat bei dem Spiel mitmacht und nicht offen Widerstand leistet, aus fast jedem Verhalten einen Erfolg machen können.

Das ist wie mit der Mutter, die ihrem Kind die Frage stellt, ob es lieber die rote oder die blaue Mütze aufsetzen will. Egal wie das Kind sich entscheidet — es setzt dann eine Mütze auf.

Das was wir machen, geht noch viel weiter. Wir bieten unserem Gegenüber nicht nur zwei Alternativen, die beide zum Erfolg führen. Wir bieten ihm unendlich viele Alternativen, die alle auf's gleiche hinauslaufen. Egal was er macht: es ist richtig und wird dazu führen, dass er auf seine eigene persönliche Art und Weise in Trance geht. Die einzige Alternative wäre, nicht mehr mitzuspielen, indem man sich dieser Interaktion entzieht.

Wir können also, jedes Verhalten unseres Gegenübers ausnutzen, um unser Ziel zu erreichen, sei es nun, dass wir eine tiefe entspannte Trance erreichen oder eine beeindruckende Show liefern wollen. Und diese Erfolge können wir dann dazu nutzen, um die betreffende Person dann doch noch dazu zu bringen, die Magnetischen Hände zusammenzuführen, wie wir das ursprünglich vorgehabt haben: „Haben sie das gemerkt? … Ja, genau…Interessant, wie ihre Hände sich voneinander fortbewegen… Sie wissen, was das bedeutet, nicht wahr… Ich frage mich, wie viel weiter ihre Hände noch auseinander streben… Manchmal muss man seine Hände erst ganz weit voneinander weg bewegen, bis sie sich dann doch wieder aufeinander zubewegen…"

Wir erinnern uns noch einmal an die Grundprinzipien der Hypnose:

•Aufmerksamkeit fokussieren,
•Widerstand/Argumentation/Kritischen Verstand umgehen,
•Typ 1 Denkprozesse anregen.

Wir vermeiden Widerstand, indem wir die Aufmerksamkeit auf alles richten, was sich als Erfolg für unsere Zielsetzung verbuchen lassen kann. Bei den Magnetischen Fingern nutzen wir aus, dass die Finger aufgrund der Muskelanspannung und der Handhaltung zwangsläufig aufeinander zustreben, ob wir nun wollen oder nicht. Bei den Magnetischen Händen nutzen wir aus, dass es im Grunde genommen nicht darauf ankommt, was die betreffende Person eigentlich macht. Wir können beim Tanzen, Autofahren, Stricken, Fernsehen, Joggen und sogar bei schwerer körperlicher Arbeit im Steinbruch in Trance gehen.

Wir wollen also schnelle Erfolge erzielen und uns von Erfolg zu Erfolg hangeln.
In der Showhypnose benutzt man gerne zunächst eine Übung wie die Magnetischen Finger. Die Übung selbst wirkt bereits Trance induzierend, und als Belohnung für

das Erfolgserlebnis beim Berühren der Finger, darf man dann auch die Augen schließen und sich kurz Entspannen. Dann folgt man mit den Magnetischen Händen. Auch hier stellt sich auf jeden Fall eine Trance ein und auch hier kann man mit geschlossenen Augen und bewusst erlebter Entspannung als Belohnung abschließen.

Im Grunde genommen führt man bereits mehrere komplette Hypnoseinduktionen durch und bereitet sein Gegenüber dabei darauf vor, die offensichtlichen Tranceanzeichen wie das Schließen der Augen und das Sinkenlassen von Kopf und Schultern erst zuzulassen, wenn man die Erlaubnis dazu gibt. Man macht mehrere Generalproben, ehe man sich an die Blitzhypnose macht.

Das ist bei allem, was wir machen, eine ganz natürliche Herangehensweise. Wenn wir uns einer schwierig erscheinenden Aufgabe stellen, dann machen wir erst einmal ein paar Probedurchläufe. In der Hypnose funktioniert das besonders gut und deshalb hat diese Vorgehensweise auch einen eigenen Namen: wir sprechen hier von „Fraktionierung". Wenn wir einen Menschen in Hypnose versetzen und dann scheinbar wieder aus der Hypnose herausholen und dann den Vorgang wiederholen, dann ist das Ergebnis mit jedem Durchgang beeindruckender. Wir bitten die betreffende Person, die Augen zu öffnen, führen dabei aber nicht die übliche Aufwachprozedur mit dem Countdown zum Auflösen der tiefen Entspannung und dem Hochfahren des Kreislaufes durch. Die Person erscheint dann so, als sei sie mehr oder weniger im normalen Wachzustand, ist aber mit offenen Augen weiterhin in einem Trancezustand. Mit jedem weiteren Durchgang vertiefen wir diesen Zustand. Das ist wie mit einer Schaukel, die sich mit jedem Anstoss weiter aufschaukelt. Stellen Sie sich vor, Sie müssten die Person auf der Schaukel mit purer Muskelkraft hochheben. Das wäre unter umständen sehr schwer. Und jetzt denken sie daran wie leicht es ist wenn Sie bei der Schaukel immer nur einen kleinen Stups geben müssen. Die Blitzinduktion ist lediglich ein weiterer kleiner Stups, der dann den Hypnotisierten von der Schaukel ins Wunderland katapultiert.

Wir erreichen mit vielen kleinen Erfolgen mehr als mit einem großen Kraftakt.

SCHLUSS

Hypnose ist ein sehr weites Feld. Die Anwendung
reicht von der TV-Werbung bis hin zur Psychotherapie.
Sie lässt sich verdeckt anwenden oder ganz offen mit
einer tiefen Entspannungstrance. Hypnose ist eine
Kunst, die sprachliches Geschick und Finesse erfordert.
Aber wenn wir in entspannter Atmosphäre mit
Freunden sprechen, wenn wir Geschichten erzählen,
oder einen Witz zum Besten geben, dann legen wir
diese Kunstfertigkeit an den Tag, ohne uns dessen
überhaupt bewusst zu sein.

Um Hypnose ranken sich so viele Mythen. Hypnose hat
etwas geheimnisvolles und wird in der
Unterhaltungsliteratur und in Filmen oft mit
übersinnlichen Fähigkeiten gleichgesetzt. Dabei ist
Hypnose in Wirklichkeit so einfach und natürlich.

Es geht im Grunde genommen nicht darum, dass Sie
etwas besonderes tun oder spezielle Fähigkeiten
anwenden, sondern es ist entscheidend, dass Sie die
Fähigkeiten, die Sie bereits seit Kindheit erlernt haben
konsequent anwenden und die üblichen Fehler
vermeiden, die verhindern, dass Sie Erfolg haben.

Die Bösewichte im Film, die Hypnose anwenden um
den Willen ihrer Mitmenschen zu Unterjochen und sie
sich gefügig zu machen, demonstrieren, wie Hypnose
nicht funktioniert.

Streben Sie nicht danach, ihre Mitmenschen zu

manipulieren, um sie auszunutzen. Es gibt mehr als genug Leute, die das Tag für Tag mit uns versuchen. Das mag hier und da mal funktionieren, aber es wird in der Mehrzahl der Fälle fehlschlagen. Wenn ihnen ihre Opfer dabei auf die Schliche kommen, dann haben sie bei ihnen ausgespielt. Sie brauchen sich dann bei ihnen nicht mehr blicken zu lassen. Und das ist auch richtig so und geschieht ihnen ganz recht.

Und versuchen Sie nicht, den Erfolg zu erzwingen. Zwang bedeutet Widerstand. Widerstand wollen wir vermeiden. Wir wollen, dass unser Zusammenspiel mit anderen Menschen funktioniert wie eine gut geölte Maschine, mit möglichst wenig Reibung. Streben Sie nach einer Win-Win Lösung. Sie wollen nicht gegen den Anderen arbeiten, sonder eine Lösung bei der alle Beteiligten gewinnen.

Behalten Sie Ihr Ziel im Auge. Lassen Sie sich nicht auf unnötige Diskussionen ein. Und kommen Sie nicht vom Weg ab, nur weil sich gerade die Möglichkeit bietet, Recht zu behalten. Denken Sie rechtzeitig daran, dass der Klügere nachgibt — und nicht erst, wenn Sie in einer sinnlosen Auseinandersetzung den Kürzeren gezogen haben.

Versuchen Sie nicht durch Argumente zu überzeugen, wenn der Gesprächspartner nicht darauf eingestimmt ist, sich davon überzeugen zu lassen. Wenn Sie jemanden umstimmen wollen, dann müssen Sie seine Stimmung beeinflussen. Sonst treffen die besten und klügsten Argumente auf taube Ohren. Gefühle beeinflussen Sie am besten, indem Sie vorangehen. Wenn Sie jemanden aufheitern wollen, dürfen Sie selbst nicht da sitzen wie ein Trauerkloß. Wenn Sie jemanden motivieren wollen, müssen Sie selbst die Ärmel hochkrempeln und sich einen Ruck geben. Sie machen dem anderen vor, wie es geht.

Und wenn Sie das so handhaben, dann werden Sie ganz von selbst anstreben, darauf hin zu arbeiten, dass Ihre Mitmenschen glücklicher und leistungsfähiger werden. Ein gängiger Lehrsatz ist, dass Hypnose immer auch Selbsthypnose ist. Das bedeutet einerseits, dass der Hypnotiseur seinen Partner dazu anleitet, sich selbst zu Hypnotisieren. Andererseits bedeutet dass aber auch, dass man andere Leute nicht hypnotisieren kann, ohne sich dabei mit zu hypnotisieren.

Und deshalb ist es auch nicht verwunderlich, dass die allermeisten Hypnotiseure so völlig anders sind, als die Filmbösewichte. Echte Hypnotiseure sind mit die nettesten und umgänglichsten Menschen, die man sich vorstellen kann. Das liegt daran, dass sie gelernt haben, dass sie sich selbst dann am besten fühlen können, wenn sie anderen Menschen dazu verhelfen, das ebenfalls zu tun.

Es gibt für einen Hypnotiseur nichts Schöneres, als vom Gesicht eines anderen Menschen abzulesen, wie er in Trance seine Probleme löst. Wenn er mit Sorgen zu einem kommt, man dann in der Hypnosesitzung am Minenspiel die inneren Kämpfe beobachtet und dann sieht wie er sich plötzlich entspannt und mit einem glücklichen Lächeln da sitzt, wie man es sonst bei seinen Mitmenschen nur selten beobachten kann, dann ist das eines der schönsten und erhebendsten Erlebnisse, die man haben kann.

Und das wird besser, je mehr man das mit anderen

Menschen teilt. Und deshalb wünsche ich Ihnen aus vollstem Herzen viel Erfolg.

ANHANG: BAUSTEINE

Ich habe in diesem Buch mehrfach darauf verwiesen,
dass Sie sich bei ihrer Arbeit nicht auf Hypnoseskripte
stützen sollen, sondern in der Lage sein müssen,
flexibel auf die jeweilige Situation zu reagieren. Aber
es gibt Situation oder Probleme, die immer wieder in
der gleichen Art und Weise auftreten. Und da muss man
natürlich das Rad nicht jedes mal neu erfinden. Deshalb
habe ich Ihnen hier am Ende des Buches noch ein paar
Bausteine zusammengestellt, die man in der
Hypnosearbeit immer mal wieder gut gebrauchen kann.
Wenn man Menschen dabei helfen will, sich zu
verändern und Neues zu lernen, dann sind derartige
Bausteine wirklich hilfreich. Sie sind immer nach dem
gleichen Muster aufgebaut. Erst kommen ein zwei
einleitende Sätze, in denen Sie kurz ankündigen, um
was es geht. Darauf folgen Beispiele. Dabei ist es ganz
wichtig, dass Sie wirklich nur die Beispiele geben, ohne
dass Sie direkt anfangen zu predigen. Lassen Sie die
Beispiele für sich sprechen. Die Moral von der
Geschichte kommt erst ganz zum Schluss in der
Folgerung und dann erst machen sie den Vorschlag, das
Gelernte Umzusetzen. Merken Sie sich: Sie wollen
nicht argumentieren oder predigen. Lassen Sie die
Beispiele für sich sprechen.
Und bitte lernen Sie diese Bausteine nicht einfach
auswendig. Das gilt besonders für den Baustein zur

Traumintegration. Dieses Beispiel wird außer mir wohl kaum ein anderer Hypnosetherapeut verwenden können. Aber Sie haben natürlich ganz ähnliche Erfahrungen gemacht, die Sie benutzen können. Nehmen Sie diese Texte als Anregung, um Ihre eigenen Bausteine zu entwickeln. Geschichten lernen Sie ja auch nicht wortwörtlich auswendig sonder erzählen Sie frei nach.

Der Baustein zum Thema Abreaktionen fällt hier aus dem Rahmen. Abreaktionen sind alles andere als alltäglich. Den meisten Hypnotiseuren begegnet so etwas im Leben nicht (es sei denn man weiss was man tut und nimmt das bei der Therapie von Traumata bewusst in Kauf, aber das würde den Rahmen dieses Buches sprengen).

ABREAKTION

Abreaktionen sind heftige emotionale Reaktionen, die (sehr selten) während einer Hypnosesitzung auftreten können. Ich spreche hier nicht von ein paar vereinzelten Tränen, die ab und zu mal fließen können, und dann oft auch ein Zeichen dafür sind, dass sich eine Anspannung auflöst, sondern von wirklich heftigen Reaktionen, die deutlich aus dem Rahmen fallen. Wenn Sie sich nicht ganz sicher sind, ob es sich bei der Reaktion schon um eine Abreaktion handelt, dann ist es vermutlich keine.

Hier sind 5 einfache Schritte, mit der Sie so eine Abreaktion sicher in den Griff kriegen:

1) Ruhe bewahren.
Die Situation wirkt dramatisch, lässt sich aber gut in den Griff bekommen. Bleiben Sie ruhig und folgen Sie den einzelnen Schritten, dann wird alles gut.

2) Nicht anfassen.
Das hat zwei Gründe: Zum einen wollen sie keine gelangt kriegen. In diesem aufgewühlten Zustand kann es vorkommen, dass die betreffende Person um sich schlägt, wenn man sie dann auch noch bedrängt, indem man versucht, sie festzuhalten, oder auch nur berührt. Zum anderen wollen sie keine Assoziation (oder „Anker", wie das vor allem auch in NLP Kreisen gerne

genannt wird) zwischen dem Emotionalen Zustand und der Berührung schaffen.

3)"Die Szene verblasst"
Holen sie die Betreffende Person aus diesem Zustand heraus. Verwenden Sie klare und einfache Worte.

4) „Sie spüren den Stuhl auf dem sie Sitzen und fühlen sich sicher".
Sie haben am Anfang der Hypnosesitzung den sicheren Hafen gebaut, jetzt benutzen Sie ihn. Ansonsten können Sie aber immer auch die Atmung als Rettungsanker verwenden: „Sie achten auf Ihre Atmung. Sie werden mit jedem Atemzug ruhiger und fühlen sich sicher.

Wiederholen sie die Schritte 3 und 4 solange, bis die Person sich beruhigt hat. Und bewahren Sie dabei die Ruhe und und fassen die Person nicht an.

5) Beenden Sie die Trance mit dem üblichen Aufwachritual. Zählen Sie bis 3 oder bis 5 und fahren Atmung und Kreislauf des Klienten wieder hoch und geben ihm ein gutes, entspanntes und sicheres Gefühl mit auf den Weg.

Wenn Sie Menschen in Trance versetzen wollen, dann prägen Sie sich dieses Standardverfahren bitte vorher gut ein. Und spielen sie es auch ein paarmal durch, damit Sie im Fall der Fälle dann auch wirklich die nötige Sicherheit haben.

LERNERFAHRUNGEN AUS DER KINDHEIT

Zweck:
Aufllösen von Lernblockaden, Vorbereitung auf neue Erfahrungen. Viele Menschen glauben, Sie könnten nicht mehr schnell dazu lernen. Erinnern Sie sie daran, wie das geht.

Einleitung:
Sie haben in der Vergangenheit so viele Dinge gelernt. Dinge, die Ihnen einmal so schwierig vorgekommen sind.

Beispiele:
Vielleicht erinnern Sie sich jetzt, wie Sie mit anderen Kindern im Klassenzimmer saßen und die unterschiedlichen Buchstaben gelernt haben. Wie das „d" so ähnlich geht wie das „a", nur dass der Strich nach oben länger ist. Und das „b" ist wie das „d", aber anders herum. Und vielleicht waren einige Buchstaben leichter für Sie als andere. Und vielleicht haben Sie manchmal etwas verwechselt. Aber mit der Zeit sind Sie immer sicherer geworden. Und wenn Sie jetzt ein Wort lesen oder schreiben müssen, dann geht das ganz automatisch, ohne dass Sie über die einzelnen Buchstaben nachdenken müssen.

Und vielleicht denken Sie daran, wie sie das erste mal versucht haben, sich die Schuhe zuzubinden. Aber die Schleife, die sie gemacht hatten, ging sofort wieder auf. Und Sie waren dann vielleicht etwas frustriert oder sauer. Und dann ist jemand gekommen und hat ihnen gezeigt wie es geht. Und vielleicht haben Se dabei auch einen Spruch gelernt. Und auch wenn sie sich vielleicht nur noch dunkel daran erinnern können, dass es dabei um Hasenohren oder einen Baum ging, können Sie sich heute die Schuhe zubinden, ohne auch nur einen einzigen Gedanken daran zu verschwenden.

Folgerung:

Sie haben Dinge gelernt, die ihnen irgendwann einmal fast unmöglich erschienen. Sie haben es damals geschafft und im Nachhinein erscheint das überhaupt nicht mehr schwierig.

Appell:

Sie können die notwendigen Fähigkeiten lernen und dieses Problem bewältigen. Und Sie werden sich im Nachhinein kaum noch vorstellen können, wie schwierig Ihnen das einmal vorgekommen ist. Und wahrscheinlich werden Sie laut loslachen wollen, weil Ihnen dieses alte Problem plötzlich so albern vorkommt.

TRAUMINTEGRATION

Zweck:
Integration von Veränderungen, neuen Erkenntnissen und Erfahrung.

Einleitung:
Jeder Mensch träumt. Und auch Heute Nacht werden Sie Träumen.

Beispiele:
Ich habe vor vielen Jahren, während der Semesterferien hier in der Attahöhle gearbeitet. Ich bin den ganzen Tag durch die Höhle gelaufen und habe Touristengruppen immer mehr oder weniger das Gleiche erzählt. Und des Nachts habe ich dann oft geträumt, ich würde durch die Höhle laufen und meinen Text abspulen. Manchmal war das einfach nur ein wirklich langweiliger Traum, in dem ich genau das Gleiche gemacht habe wie Tagsüber. Aber ein paarmal passierten dann auch wirklich verrückte Sachen in meinen Träumen. Dinge, die mich echt in Schwierigkeiten gebracht hätten, wenn Sie mir wirklich passiert wären. So konnte ich im Geist neue Situationen durchspielen. Im Schlaf.

Folgerung:
Schlafen und Träumen ist ganz wichtig beim Lernen. In Ihren Träumen können sie die Erfahrungen, die Sie

tagsüber gemacht haben, verarbeiten und das, was Sie gelernt haben kann sich verfestigen.

Appell:

Wenn sie heute Nacht träumen, wird Ihr Unbewusster Verstand die Arbeit, die Sie bereits begonnen haben, fortsetzen. Sie sind auf dem richtigen Weg und deshalb wird ihm das leicht fallen und Sie werden morgen frisch und munter aufwachen und sich vielleicht wundern, dass Ihnen dieses Problem früher einmal so schwierig vorgekommen ist.

DER UNBEWUSSTE BESCHÜTZER

Zweck:
Das Gefühl von Sicherheit

Einleitung:
Ihr Unbewusster Verstand ist immer für Sie da, um Sie zu beschützen.

Beispiele:
Das fängt mit ganz einfachen Dingen an. Wenn Sie zum Beispiel etwas Heisses anfassen, dann zuckt Ihre Hand wie von ganz allein zurück, noch ehe Sie die Hitze bewusst wahrnehmen. Das ist ein ganz einfacher Reflex. Aber auch wenn es komplizierter wird, sorgt Ihr Unbewusster Verstand immer für Sie. Denken Sie zum Beispiel and den Straßenverkehr. Sie müssen nicht jedes mal, wenn sie über die Straße gehen, bewusst denken: „So, jetzt muss ich erst nach links schauen, und sehen, ob da auch kein Auto kommt, und dann schau ich nach rechts, ob da auch frei ist. Und dann schaue ich nochmal nach links und erst dann darf ich über die Straße gehen." Normalerweise machen Sie das ganz automatisch - auch wenn Sie mit Ihren Gedanken ganz woanders sind.

Folgerung:
Ihr Unbewusster Verstand kann ganz von allein… ohne

dass Sie sich wirklich Gedanken darüber machen müssen… alles Notwendige für Sie tun, um Sie sicher durch's Leben zu geleiten.

Appell:
Von jetzt an kann Ihr Unbewusster Verstand…

NATÜRLICHER WANDEL

Zweck:
Auf Veränderungen vorbereiten. Veränderungen einfach
und natürlich gesehen lassen.

Einleitung:
Veränderungen gehen leicht. Menschen verändern sich
ständig, ganz von selbst, meisten ohne überhaupt
darüber nachzudenken.

Beispiele:
Sie sind gewachsen. Ihr Körperbau hat sich im Lauf der
Zeit verändert. Ihre Haare und Fingernägel wachsen
ständig. Langsam aber unaufhörlich. Und auch sonst
verändern sich Menschen ständig. Ihr Geschmack
ändert sich alle paar Jahre. Vielleicht mögen inzwischen
Sie Essen, dass sie als Kind nicht ausstehen konnten.
Und Sie ziehen sich als Erwachsener anders an als als
Teenager. Und Sie machen ständig neue Erfahrungen
und ändern Ihre Meinung. Und das hört nie auf.
Menschen ändern sich immer, egal wie alt sie
sind.Vermutlich wissen Sie gar nicht mal, wann und wie
diese Veränderungen geschehen sind. Das ist einfach
passiert. Und Sie haben erst im Nachhinein gemerkt,
dass Sie jetzt etwas anders machen. Einige
Veränderungen haben einige Zeit gebraucht, und Sie
haben sich ganz allmählich geändert. Aber manchmal

geht das auch ganz schnell.

Folgerung:
Wir alle verändern uns ständig, ganz mühelos, und oft merken wir es nicht einmal. So einfach geht das.

Appell:
Und so verändern auch Sie sich ständig. Und deshalb können sie auch jetzt…

Vielleicht wird das etwas Zeit brauchen und Sie verändern sich allmählich und nehmen nach und nach die neuen Angewohnheiten an. Vielleicht geschieht das auch plötzlich, mit einem großen Sprung nach vorne. Aber ich weiß, dass Sie vielleicht morgen, oder in ein paar Tagen oder Wochen plötzlich überrascht feststellen werden, dass sich etwas verändert hat. Dass Sie manche Dinge ganz anders machen als zuvor. Ich frage mich, ob Sie sich vorstellen können, wie gut Sie sich dann fühlen werden, wie anders dann dieses alte Problem für Sie aussieht.

AUTOMATISCH HANDELN

Zweck:
Einen Prozess automatisieren. Aus einer bewussten
Handlung eine Gewohnheit machen.

Einleitung:
Ihr Unbewusster Verstand kann die Arbeit für Sie
erledigen, ohne dass Sie sich darüber Gedanken
machen.

Beispiele:
Das fängt an mit Dingen, die Sie bewusst überhaupt
nicht steuern können: Ihr Herzschlag, Ihre
Körpertemperatur oder Ihre Verdauung werden alle
automatisch gesteuert, ohne dass Sie durch eine
bewusste Willensentscheidung direkt etwas daran zu
ändern brauchen. All diese Dinge steuern Sie nicht
bewusst. Aber es geht noch weiter. Auch die meisten
Dinge, die wir bewusst erledigen könnten, überlassen
wir die meiste Zeit über unserem Unbewussten
Verstand. Denken Sie nur an ihre Morgenroutine. Sie
müssen im Allgemeinen nicht darüber nachdenken, wie
Sie die Zahnbürste benutzen, oder dass die Socken an
die Füße gehören. Und wenn Sie in der Stadt unterwegs
sind, finden Sie wie von Selbst den Weg nach Hause,
auch wenn Sie vielleicht so in Gedanken sind, dass Sie
von der Welt um Sie herum überhaupt nichts

mitkriegen. Und wenn Sie sich kurz Notizen machen, dann denken Sie einfach nur an die Wörter, die Sie schreiben wollen und das schreiben scheint ganz wie von Selbst zu gehen.

Folgerung:
Das ist ganz natürlich. Wir machen Tag für Tag so viele Dinge völlig automatisch, ohne darüber nachzudenken. Und das ist gut so. Selbst so komplizierte Dinge wie Lesen und Schreiben gehen uns in Fleisch und Blut über. Und wir bilden ganz wie von selbst Angewohnheiten, die uns das Leben erleichtern.

Appell:
Und deshalb können sie auch jetzt einfach zulassen, dass...

Lassen sie dem Unbewussten Verstand alle Zeit, die er braucht um das geschehen zu lassen. Und sie brauchen dazu nichts zu tun. Sie brauchen sich nicht zu bewegen... Sie brauchen nicht mal an etwas Bestimmtes zu denken... Lassen Sie einfach die Gedanken schweifen.. Umherwandern... während ihr Unbewusster Verstand die Arbeit macht... die Veränderungen vorzunehmen und zu integrieren... vollständig und komplett... Sie können sich einfach zurücklehnen und es genießen. Ihr unbewusster Verstand macht so vieles ganz automatisch für Sie... jeden Tag... so wie Ihr Herzschlag... Und er wird auch das für Sie tun... das passiert einfach...

www.ingramcontent.com/pod-product-compliance
Lightning Source LLC
Chambersburg PA
CBHW071039290526
45795CB00004B/1225